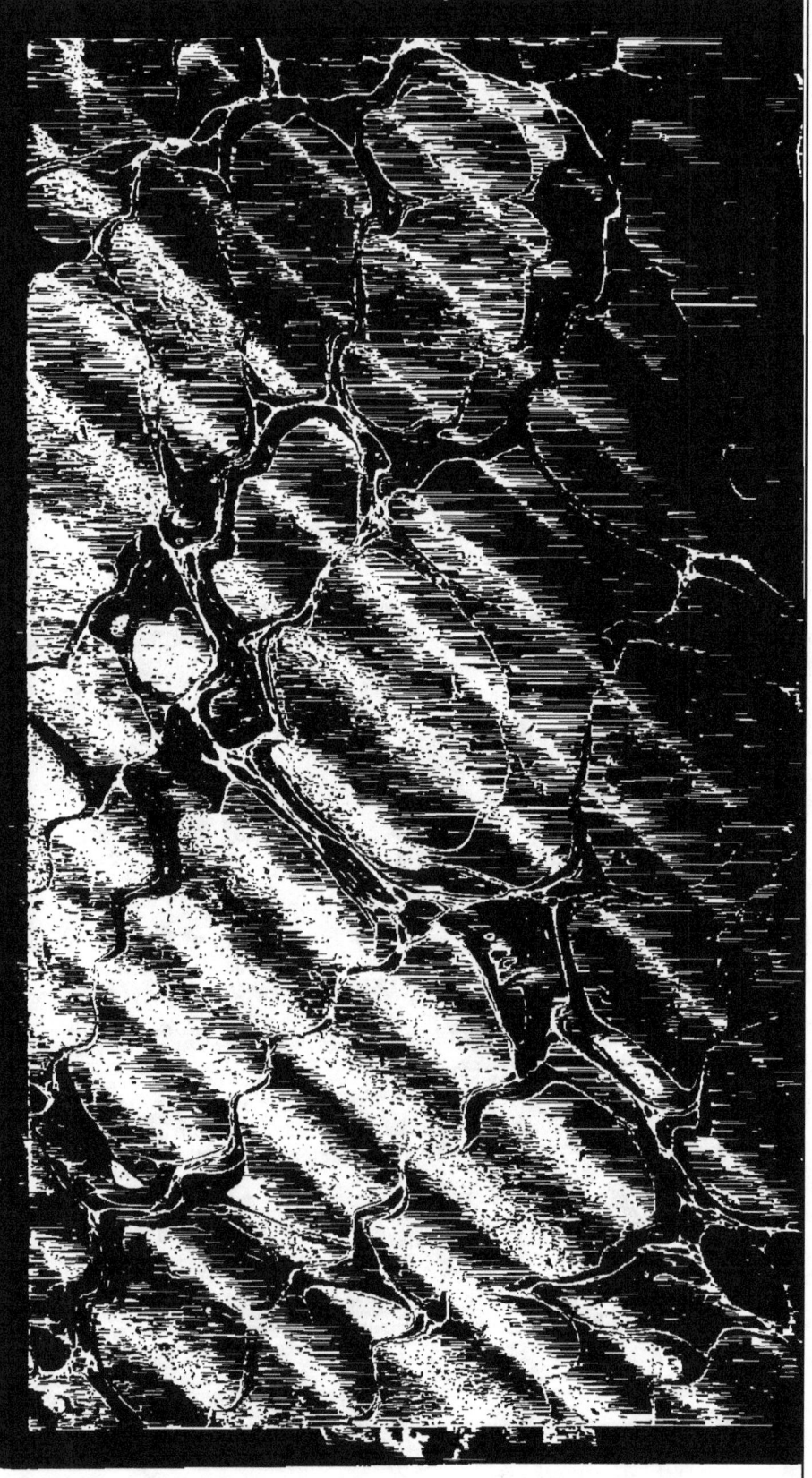

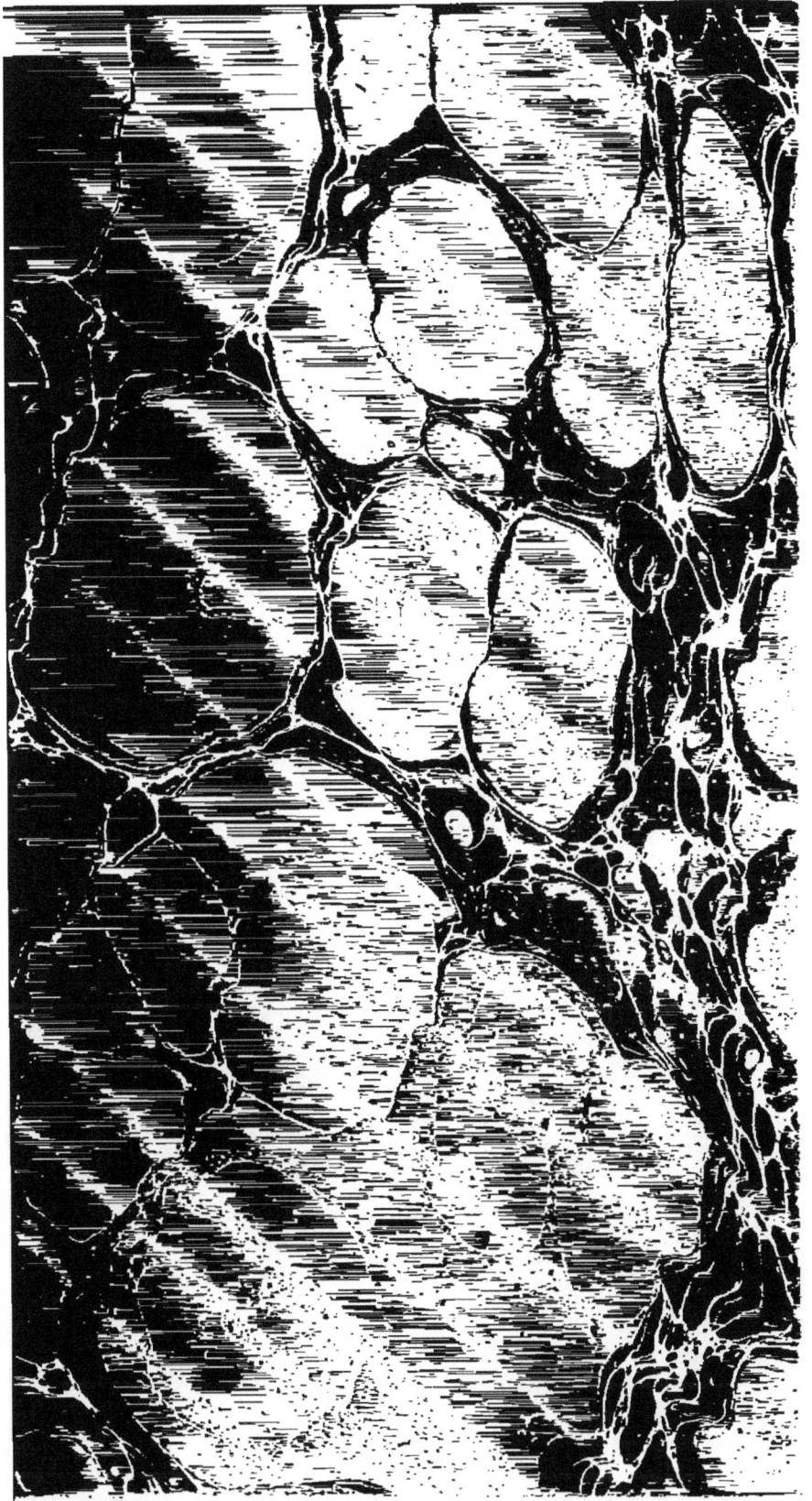

PETIT TABLEAU

DE PARIS

ET DES FRANÇAIS

AUX PRINCIPALES ÉPOQUES
DE LA MONARCHIE.

IMPRIMERIE de Vigor RENAUDIÈRE,
MARCHÉ-NEUF, N°. 48.

PETIT TABLEAU
DE PARIS
ET DES FRANÇAIS,

AUX PRINCIPALES ÉPOQUES DE LA MONARCHIE ;

CONTENANT:

Une description des Monumens les plus remarquables de la Capitale; l'indication de tous les autres Edifices ; les Ministères, Administrations et principaux lieux publics, etc., avec une Notice explicative des Vêtemens, Coiffures et Armures des Français, depuis Pharamond jusqu'à ce jour;

ORNÉ D'UN JOLI PLAN DE PARIS ET DE COSTUMES COLORIÉS.

PAR M. LE CHEVALIER DE PROPIAC,

MEMBRE CORRESPONDANT DE L'ACADÉMIE DE DIJON.

PARIS,
ALEXIS EYMERY, Libraire, rue Mazarine, n°. 30.

1820.

PETIT TABLEAU DE PARIS.

LE PALAIS DES TUILERIES.

Ce Palais, appelé communément *le Château des Tuileries*, doit son origine à Catherine de Médicis. Cette princesse qui était passionnée pour les beaux-arts, et qui, pour une personne de son rang, avait le rare mérite de s'y connaître, ne fut pas plutôt informée de la publication de l'édit de Charles IX, en date du 28 janvier 1564, qui ordonnait la démolition du Palais des Tournelles, qu'elle résolut d'en faire bâtir un plus vaste et plus magnifique. L'emplacement et la position où était située une maison appelée *la maison des Tuileries*, parce qu'elle occupait un terrain sur lequel il y avait eu une fabrique considérable de tuiles, lui ayant paru convenable, elle en fit l'acquisition, et dès le mois de mai de la même année, les fondemens de cette demeure royale furent jetés. On environna les jardins d'un mur, et l'on éleva, à son extrémité, le bastion qui devait faire partie de la nouvelle enceinte de la ville.

Les plus célèbres architectes de leur siècle, Philibert de Lorme et Jean Bullant, furent chargés par la reine de la construction du Palais des Tuileries. Mais au moment où les travaux étaient en pleine activité, et où le gros pavillon du milieu, les deux corps de logis qui l'accompagnent et les deux pavillons qui viennent immédiatement après, étaient à peine achevés, Catherine, effrayée d'une prédiction par laquelle un Astrologue lui annonça qu'elle mourrait auprès de Saint-Germain, fit, au plus grand étonnement de la cour et de la ville, suspendre tous les ouvrages. Il n'en fut plus question jusqu'à Henri IV, qui en ordonna la continuation. Ce ne fut cependant que sous le règne de Louis XIII qu'ils furent terminés, sur les dessins de Ducerceau qui, comme il arrive presque toujours dans de telles circonstances, n'eut rien de plus pressé que de changer l'ordonnance et la décoration des premiers architectes. On assure que c'est lui qui a fait construire les deux corps de bâtimens d'ordre corinthien ou composite qui suivent les deux pavillons déjà élevés par Catherine, ainsi que les deux énormes pavillons de Flore et de Marsan qui complètent aujourd'hui l'édifice.

Ces changemens apportés au plan primitif du palais des Tuileries, expliquent assez cette multiplicité de parties et d'ordonnances diverses que l'on remarque facilement, tant sur la façade qui donne sur le jardin, que sur celle qui regarde la place du Carrousel. En effet, pour peu qu'on veuille se donner la peine de détailler ces diverses parties, on y trouvera cinq espèces de dispositions et de décorations, cinq sortes de combles différens, et cinq pavillons, y compris celui du milieu, sans qu'on puisse, pour ainsi dire, trouver le moindre rapport extérieur entre eux, soit dans la distribution, soit dans le style, soit dans la conception.

Combien ne doit-on pas déplorer cette manie trop ordinaire en France de commencer un ouvrage, de l'interrompre, et de ne le reprendre que lorsque ceux qui en ont les premiers conçu le plan n'existent plus? Qu'arrive-t-il alors? un désordre certain. L'amour-propre des vivans est peu disposé à rendre justice au génie des morts. On veut, on croit mieux faire. On détruit, on abat, on bouleverse; et cette unité d'intention qui enfante seule les belles choses disparaissant, il ne reste plus qu'un ouvrage sans suite, sans rapport, et dont toutes les beautés particulières ne peuvent compenser le défaut d'ensemble.

Le goût exquis dont la nature avait fait présent à Louis XIV ne lui permit pas de voir d'un œil tranquille les disparates ridicules qu'offrait le palais des Tuileries. Il voulut qu'on remît, autant qu'il serait possible, un accord convenable entre ses parties, et en conséquence, le célèbre Levau fut chargé de ce travail difficile.

1 *

Il y avait un escalier très-beau et très-hardi qui occupait la place du vestibule actuel. Il était de Philibert de Lorme. Mais comme il était en même-temps un chef-d'œuvre de construction et de disconvenance, en ce que, sous ce dernier rapport, il privait de la vue du jardin, et empêchait que plusieurs pièces dont on avait besoin au-dessus fussent construites, Levau jugea à propos de le supprimer et de le remplacer par celui que l'on voit aujourd'hui, à main droite, dans le vestibule. Cet escalier, du pallier duquel s'élèvent deux rampes qui conduisent dans un grand salon fort exhaussé au-dessus du vestibule, et de là dans les appartemens disposés en enfilade, est décoré d'une très-belle balustrade, formée par des lyres entrelacées de serpens, pour exprimer en même-temps les devises du Roi et les armes de Colbert, surintendant des bâtimens, sous les ordres duquel tous les nouveaux embellissemens de ce palais ont été entrepris et exécutés. La forme et la disposition du corps élevé du pavillon du milieu qui, dans le principe, était une coupole circulaire, furent également changées. Il n'y eut de l'ancienne ordonnance que le premier ordre à tambour de marbre conservé.

Des diverses augmentations faites sous Henri IV et de la restauration ordonnée par Louis XIV et exécutée par Levau et François Dorbay qui lui fut adjoint, il résulte que toute la façade de l'édifice est composée de cinq pavillons et de quatre corps de logis sur une même ligne de cent soixante-dix-huit toises et demie de longueur. Le pavillon du milieu devenu quadrangulaire, est celui qui a le plus gagné à ces changemens. Il y règne un accord de lignes parfaitement entendu. Considéré du côté du jardin et du côté de la cour du Carrousel, il est sans contredit le morceau le plus remarquable de toutes ces constructions. Ce qu'on y a conservé de Philibert de Lorme, c'est-à-dire l'ordonnance de colonnes à bandes de marbre qui décore le rez-de-chaussée, est tout ce que l'on peut voir de plus riche en architecture. Du côté du Carrousel, les colonnes des deux ordres supérieurs corinthien et composite sont de marbre brun et rouge. Enfin, la variété qui se fait remarquer dans les masses, les retraites et les saillies de ce pavillon, ferait croire qu'il est l'ouvrage d'un seul architecte, si la preuve du contraire n'existait pas. Dans des niches placées des deux côtés de la porte d'entrée qui est du côté de la cour du Carrousel, sont deux statues antiques en marbre, dont l'une représente Apollon-Moneta et l'autre une femme. Au milieu du fronton triangulaire que surmonte un attique, est le cadran d'une horloge de Lepautre; au-dessus sont deux statues demi-couchées qui représentent la Justice et la Prudence. Six cariatides colossales soutiennent l'attique. Vingt bustes en marbre décorent la façade des deux corps de logis suivans. Du côté du jardin, dans des niches également pratiquées aux deux côtés du vestibule, sont les statues de Mars et de Minerve. Deux lions appuyés sur un globe sont de chaque côté de la porte. Sur une galerie ouverte qui joint le pavillon du milieu aux deux petits pavillons, sont placées dix-huit statues représentant des Sénateurs romains revêtus de leurs toges. Enfin, sur les gaines qui se trouvent entre les trumeaux des croisées, sont posés vingt-deux bustes qui représentent des Généraux et des Empereurs. Toutes ces statues et ces bustes sont de marbre blanc.

Les deux petits pavillons qui accompagnent celui du milieu sont également ornés de colonnes ioniques, mais cannelées avec des rinceaux d'oliviers dans les cannelures, depuis le tiers jusqu'au haut, posées sur un grand stylobate ou piédestal continu. Ils ont de plus un second ordre corinthien et un attique terminé par des vases sur une balustrade. L'ordre ionique qui décore ces deux petits pavillons passe pour un modèle achevé, et les gens de l'art assurent que toutes les règles prescrites par Vitruve y sont observées avec la plus scrupuleuse exactitude. Quant aux deux grands corps de logis et aux deux gros pavillons qui terminent les lignes des bâtimens, ils sont d'un grand ordre composite en pilastres cannelés. On reproche avec raison aux premiers de ces édifices, c'est-à-dire, aux deux corps de logis, d'offrir la dissonance d'un ordre colossal, placé à côté de deux ordres délicats. Mais ce défaut dont les premiers architectes sont seuls responsables, ne saurait être, sans injustice, imputé aux seconds, parce que, pour le faire disparaître, il aurait fallu nécessairement une reconstruction totale, et qu'elle leur fut expressément interdite. Dans les deux pavillons des extrémités, l'architecture est traitée avec une irrégularité peu pardonnable. Les architraves et les frises y ont été coupées pour faire place aux ouvertures des fenêtres qui sont d'ailleurs extrêmement hautes pour leur largeur, et les pilastres y sont beaucoup trop éloignés les uns des autres. En un mot, le grand ordre composite qui est surmonté d'un attique dans ces deux pavillons seulement, avec des vases sur leur entablement, concourt à faire de ces édifices deux corps très-exhaussés, mais sans aucune correction, et d'un aspect peu agréable aux yeux de ceux qui aiment et qui connaissent la bonne architecture.

Les changemens faits, depuis Louis XIV, tant dans la décoration intérieure des appartemens du Palais des Tuileries, que dans leurs divisions ont été peu considérables. L'entrée des appartemens se trouvait alors comme aujourd'hui, dans le grand vestibule qui est dans le pavillon du milieu, et dont le plafond est soutenu d'arcades formées par des colonnes ioniques. A droite de ce vestibule était l'escalier dont nous avons déjà parlé. La porte de la chapelle s'ouvrait sur le premier pallier. Il y régnait une noble simplicité. Quelques bons tableaux en faisaient le seul ornement; la sacristie était derrière l'autel. Au-dessus s'élevait la tribune des musiciens et en face celle du Roi. La fureur révolutionnaire l'avait détruite; elle a été rétablie (1).

La salle des Cent-Suisses, décorée de quatre colonnes ioniques, en avant desquelles sont deux statues debout qui représentent le Silence, et deux autres assises représentant les chanceliers d'Aguesseau et de l'Hopital, se trouve au niveau du premier pavillon; celle de spectacle ornée d'un rang de colonnes ioniques et d'un amphithéâtre qui s'étend de chaque côté de la loge du Roi placée vis-à-vis de la scène, occupe l'ancienne salle, dite *Salle des Machines*. C'est là que la convention nationale assemblée, au mépris de l'asile que le plus vertueux et le meilleur des Rois était venu chercher dans son sein, osa le faire paraître à sa barre, le juger et l'envoyer à la mort. La totalité du pavillon du milieu est occupée par la salle des Maréchaux qui communique d'un côté à la chapelle par une galerie vitrée figurant une tente à l'extérieur, et de l'autre, au sallon des Nobles, sur le plafond

---

(1) Deux ordres de colonnes en pierre et en stuc forment au premier étage, de trois côtés, des tribunes. L'autel est au fond, et sur le devant, la tribune du Roi sur laquelle se trouve placée celle des musiciens.

duquel sont peints des marches, des batailles et des triomphes antiques. Vient ensuite le sallon de la Paix, dans lequel on voit une riche statue en argent, faite sur un modèle fourni par Chaudet, et un beau plafond où on a représenté le lever du soleil : ce sallon précède la salle du Trône, éclairée par trois croisées qui donnent sur la cour ; le trône, recouvert d'un tapis de soie cramoisi et rehaussé d'ornemens sculptés et de fleurs-de-lis, est élevé de trois marches ; un dais de velours cramoisi parsemé de fleurs-de-lis et de franges d'or le surmonte ; une couronne de branches de chêne et de laurier le soutient, et un panache blanc le termine. On entre de là dans le cabinet du Roi, dont la richesse, tant en dorures qu'en sculptures et en peintures, est extrême. De ces appartemens on passe dans la galerie de Diane, où le nombre infini de glaces qui la décorent, produit un effet magique. Plus loin est l'appartement du Roi ; celui de la Reine, occupé aujourd'hui par Madame la duchesse d'Angoulême, se trouve au rez-de-chaussée.

La cour du Palais qui a la forme d'un parallélogramme, est fermée par une grille de fer terminée par des lances dorées et supportées par un mur de quatre pieds d'élévation ; de distance en distance sont élevées, sur son appui, des colonnes au sommet desquelles on a placé des boules dorées surmontées d'une pointe semblable à celle des colonnes milliaires des Romains ; trois portes, dont celle du milieu fait face à un arc de triomphe lui servent d'ouverture ; des massifs couronnés de statues sont à côté des deux portes latérales.

L'arc de triomphe qui conduit à la vaste place du Carrousel fut élevé en 1806, à la gloire de la grande armée. Sa hauteur est de quarante-cinq pieds, sa largeur de soixante, et son épaisseur de vingt et demi. Trois arcades règnent dans sa largeur, tandis qu'une quatrième placée dans l'alignement des guichets de chacune des galeries du Louvre le coupe transversalement. Huit colonnes de marbre rouge d'ordre corinthien et dont chacune d'elles supporte une statue, décorent ses principales façades ; au-dessus sont un entablement et un attique portant un double socle. Des foudres et des branches de lauriers et de palmes ornent les voûtes des portes latérales. Des Renommées, en bas-relief, accompagnent de chaque côté la principale. D'autres bas-reliefs relatifs aux victoires remportées en 1805 par les armées françaises, ajoutaient encore à la richesse de ce monument ; la politique les a fait disparaître, et il ne reste plus là aujourd'hui d'autres souvenirs de tant de gloire, que quatre statues placées dans les amortissemens des anotères de la grille. Ce sont quatre Victoires ; la première à droite, vue du Carrousel, tient d'une main une enseigne et de l'autre une couronne ; la seconde un symbole de la bravoure et une palme destinée aux vainqueurs; la troisième, à gauche de l'arc de triomphe, représente la France victorieuse; et la quatrième, l'Histoire tenant une table et son burin.

Ce monument a été élevé sur les plans de MM. Perrier et Fontaine.

Le jardin des Tuileries, un des plus beaux de l'Europe, a été dessiné par le célèbre le Nôtre. C'est Louis XIV qui lui en commit le soin. A la voix de ce grand prince, l'étang, le bois, la volière, l'orangerie, les allées, les parterres, le théâtre, le labyrinthe, le jardin de Renard, l'hôtel de mademoiselle de Guise, l'écho merveilleux où les amans se rendaient pour donner des concerts à leurs belles, disparurent comme par enchantement, et les soixante-sept arpens qu'occupait cet amas de constructions se changèrent en une promenade magnifique qui fut bientôt, ainsi qu'elle est encore aujourd'hui, le rendez-vous privilégié des plus jolies femmes de la capitale.

Une vaste terrasse, ornée de statues de marbre blanc, et séparée du jardin par un degré de trois marches, s'étend avec noblesse devant toute l'étendue du Palais: au bas de ces degrés un parterre, que chaque saison nouvelle enrichit de nouvelles fleurs, se développe sur une longueur de cent vingt toises; et, du milieu de ces mêmes degrés, part la grande allée qui, traversant les deux grands quinconces plantés à sa droite et à sa gauche, n'est interrompue que par deux beaux bassins, d'où s'élancent majestueusement dans les airs de superbes jets d'eau. Le premier de ces bassins, dont la forme est circulaire, est environné de groupes de marbre, de vases et de statues ; et le second, qui est un vaste octogone, est aussi entouré de sculptures en marbre représentant des Thermes, de grandeur colossale, et des groupes de Fleuves couchés. Deux autres bassins se trouvent encore dans les parterres de droite et de gauche, composés de quatre pièces de gazon triangulaires, bordées d'une plate-bande garnie d'arbustes et de fleurs, et défendues par des balustrades de fer à hauteur d'appui. Les deux parties latérales du jardin, qui font face aux pavillons de Flore et de Marsan, sont élevées en terrasses qui se réunissent, par une pente presque insensible, à une petite distance de la grille qui sert de sortie, sur la place Louis XV : celle de ces terrasses qui donne sur la rivière, domine les belles façades du quai d'Orsay ainsi que les Champs-Elysées ; l'autre, appelée la terrasse des Feuillans, est fermée par une superbe grille qui, par la manière dont elle est posée, permet de jouir entièrement de la vue du mouvement continuel de la rue de Rivoli.

Mais ce qui mérite une attention toute particulière, ce sont les chefs-d'œuvre de sculpture qui se trouvent réunis dans ce beau jardin. Nous allons les citer, dans le meilleur ordre possible, avec le nom de leurs auteurs.

Sur la terrasse qui borde le chateau.

Huit statues et deux vases.

Vénus accroupie sortant du bain, copie en bronze de l'antique.
Un Faune, par Coyzevox.
Une Hamadriade, par le même.
Une Flore, par le même.
Le Gladiateur mourant, copie en bronze de l'antique.
Une Nymphe, par Coustou, l'aîné.
Une Nymphe, par le même.
Un Chasseur.

Autour du bassin circulaire.

Six groupes.

La métamorphose d'Atlas, figure colossale, par Ménars.
L'enlèvement d'Orithie par Borée, groupe, par Marsi et Flamen.
Énée emportant son père Anchise, par Lepautre.
La métamorphose de Daphné.
L'enlèvement de Cybelle par Saturne, par Regnauldin.
La mort de Lucrèce, groupe commencé à Rome par Théodon, achevé par Lepautre.

Dans l'allée qui sépare le parterre du bois.

Quatre statues, quatre vases.

Une Diane succincte.
Une statue colossale de César, par Théodon.
Une muse nommée la Flore Farnèse.
Une copie de l'Hercule Farnèse.

Dans les salles de verdure qui sont dans le bosquet.

Huit statues et des sphinxs.

Un Faune regardant Apollon et Daphné qui courent devant lui.
Apollon-Moneta, juge de la course d'Atalante et d'Hippomène, par Lepautre.
Castor et Pollux, par Coustou jeune, et Lepautre.
Un Centaure.
Une Impératrice.

Bacchus et Hercule-Jeune.
Deux Lutteurs, par Mangin.
Un Sanglier.
Des Sphinxs.

Autour du bassin octogone.
Dix statues.

Scipion l'Africain, par Coustou, l'aîné.
L'Eté.
Le Printems.
Agrippine.
Sylène.
Annibal, par Sebastien Slodz.
L'Hiver.
L'Automne.
Une Vestale, par Legros.
Un Bacchus.

Du coté du pont tournant, auprès du bassin.
Quatre groupes.

Le Tibre, par Van-Clève.
La Seine-et-Marne, par Coustou, l'aîné.
Le Nil, par Bourdic.
La Loire et le Loiret, par le même.

Dans des niches pratiquées dans les terrasses.
Deux statues.

Une Vénus-Callipige.
Un Mercure-Farnèse, copie.

Au-dessus des jambages de la porte occidentale.
Deux groupes, deux lions en marbre blanc.

Un cheval ailé portant Mercure, par Coyzevox.
Un cheval ailé portant une Renommée.

Sur le fer a cheval des terrasses.

Les neuf Muses.
Apollon.

Sur la terrasse du coté de la rivière.
Six statues et cinq vases de marbre.

Une Vénus sortant du bain.

L'Apollon Pithien.
Le Laocon, groupe.
Une Diane succincte.
Hercule tenant son fils Télèphe.
Bacchus, accompagné d'un jeune Satyre.
AU DESSUS DE L'ESCALIER DU MILIEU DE CETTE TERRASSE.
QUATRE VASES.
DANS UNE NICHE PLACÉE SOUS CE MÊME ESCALIER.
Ariane endormie dans l'île de Naxos.
AU COMMENCEMENT DE L'ALLÉE DES ORANGERS, PRÈS DU CHATEAU.
Un groupe placé entre quatre beaux vases.
A L'EXTRÉMITÉ DE LA MÊME ALLÉE.
Une Hygie.

Toutes les statues dont nous n'avons pas nommé les auteurs, sont des antiques ou des copies de l'antique.

Malgré tout ce qu'ont pu écrire les historiens de Paris sur la grande galerie, qui va des Tuileries jusqu'au Louvre, en faisant face à la rivière, il est incontestable qu'Henri IV ne la commença pas de ce premier côté, mais bien du second; et qu'elle n'a été successivement continuée et achevée que par Louis XIII et Louis XIV, ses successeurs: sa longueur est de deux cent vingt-deux toises, et sa largeur de sept. Deux ordonnances principales se font remarquer dans sa façade : l'une, qui part des Tuileries, se compose, jusqu'au pavillon de l'horloge, de grands pilastres composites accouplés sur des trumeaux qui supportent, dans toute cette longueur, des frontons alternativement semi-circulaires et triangulaires; l'autre, qui s'étend depuis le pavillon de l'horloge jusqu'au

Louvre, présente une ordonnance composée de deux pilastres accouplés et superposés; ceux du bas étant doriques et toscans, tandis que ceux du dessus sont corinthiens, et soutiennent, comme dans l'autre partie, des frontons circulaires et triangulaires. Grâce à cette similitude de couronnement, on ne s'aperçoit pas d'abord, dans une si grande longueur, de la dissonance d'architecture qui s'y trouve. C'est au-dessus des appartemens qui composent le rez-de chaussée de cet édifice, qu'est la galerie d'Apollon à la suite de laquelle on entre de plein pied dans le salon d'exposition des tableaux, et de là dans la grande galerie, dont on a fait le fameux *Muséum*. En face de ce bâtiment, qui malgré ses défauts n'en est pas moins remarquable, on a commencé à élever, depuis 1808, une galerie parallèle de pareille ordonnance, mais de plus grande largeur : construite déjà sur une longueur de quatre-vingt-quinze toises, elle termine la cour des Tuileries et le Carrousel, en attendant qu'elle arrive, comme le plan en est arrêté, jusqu'au Louvre.

L'histoire du palais des Tuileries n'offre rien d'intéressant; et jusqu'à l'époque de la révolution il ne s'y est passé aucun événement remarquable, si l'on en excepte la fête que Catherine de Médicis y donna quatre jours avant le massacre de la Saint-Barthélemi. Mais, hélas! de quels crimes n'a-t-il pas été le théâtre en 1792? Que d'outrages! que de perfidies! que de sang répandu! La plume nous tombe des mains.

ÉGLISE DE LA MADELEINE.

CETTE église est tout ce qui reste de la sainte demeure d'une communauté de religieuses de saint Augustin, qui fut fondée en 1632, par le cardinal François de la Rochefoucault. Ces religieuses, connues, avant cette époque, sous le nom d'*Haudriettes*, ou les *Bonnes-Femmes*, avaient leur maison, ou plutôt leur hospice, à l'entrée de la rue de la Mortellerie, près de la place de Grève. Ce ne fut que lorsqu'elles eurent obtenu la permission de venir habiter le faubourg Saint-Honoré, qu'elles changèrent leur nom en celui de *Religieuses de l'Assomption*. Elles n'eurent, dans le principe, qu'une petite chapelle ; mais leur communauté devenant chaque jour plus nombreuse, elles se décidèrent à faire bâtir l'église et le dôme tels qu'on les voit aujourd'hui. Ce fut Errard, peintre du Roi, et premier directeur de l'Académie de France à Rome, qui en donna les dessins. Ce monument, qui a la forme d'une tour élevée, surmontée d'une calotte sphérique de soixante-deux pieds de diamètre, sur laquelle Charles de la Fosse a peint, à fresque, l'Assomption de la Vierge, fut commencé en 1670, et terminé en 1676.

M. Legrand reproche à ce petit édifice d'être beaucoup trop élevé pour son diamètre, ce qui donne, selon lui, à son intérieur, l'apparence d'un puits profond, plutôt que la grâce d'une coupole bien proportionnée. Il prétend que cette élévation intérieure, qui, sans doute, n'eût pas été trop forte, si la coupole eût été soutenue sur des arcades et pendentifs, au milieu d'une nef d'un chœur et des bras d'une croix grecque ou latine, devient excessive lorsqu'elle se trouve bornée de toutes parts par un mur circulaire, et que le spectateur, ne pouvant avoir une reculée suffisante, ne parvient à considérer la voûte qu'avec une très-grande gêne. Il dit encore que cette tour, qui monte également de fond par dehors, sans presque aucun empâtement, n'a point d'effet pyramidal, ni l'élégance qu'elle eût acquise par des retraites bien ménagées.

Quant au portail, placé dans la cour de ce monastère et décoré de huit colonnes corinthiennes, couronnées d'un fronton, dans une forme approchant de celle du portique du Panthéon, il le trouve assez agréable, considéré à part; mais il ajoute qu'il est beaucoup trop petit pour l'ensemble général, et que le dôme l'écrase.

On a eu le projet de restaurer cet édifice, et d'y ajouter une nef spacieuse en forme de basilique, en réservant uniquement pour le chœur le dôme qui occupe à présent toute l'église. Ce projet ne s'exécutant pas, nous craignons qu'on y ait renoncé : nous désirons le contraire. Car les talens de M. Molinos, qui a conçu le plan de ce nouvel édifice, nous donnait l'espoir qu'il pourrait rivaliser un jour avec les plus beaux monumens de la capitale.

LE PALAIS DU LUXEMBOURG.

De tous les monumens qui font l'ornement de la capitale, il y en a peu qui puissent entrer en parallèle avec le Palais du Luxembourg, soit pour la magnificence, soit pour l'excellence de l'architecture. Élevé, en 1615 par Marie de Médicis, sur l'emplacement qu'occupait alors l'hotel de Luxembourg, il a, tant est grande la force de l'habitude ! conservé cette dénomination, quoiqu'il ne subsiste plus rien des anciens bâtimens ; et qu'il dût primitivement porter le nom de *Palais de Médicis*, et ensuite de *Palais d'Orléans*, en vertu de la donation qu'en fit cette princesse, en mourant, à son second fils Gaston de France, duc d'Orléans.

Le Palais du Luxembourg se compose d'un grand corps de logis, flanqué à ses extrémités par quatre gros pavillons carrés et presqu'entièrement saillans : ceux qui sont du côté de la cour se réunissent à deux autres pavillons également carrés, donnant sur la rue par deux corps de bâtimens en ailes qui sont moins élevés que le reste de l'édifice ; ces deux derniers pavillons sont eux-mêmes joints entre eux par deux tenans, au milieu desquels s'élève un riche pavillon, terminé par un dôme, sous lequel se trouve la principale entrée du Palais : de cet ensemble de l'édifice il résulte que la grande cour qui forme à peu de chose près un carré, sa largeur étant de trente toises et sa profondeur de trente-six, est environnée de toutes parts de bâtimens.

Les galeries qui règnent au rez-de-chaussée à droite et à gauche de la cour, et celles qui sont sur le devant du côté de l'entrée, s'agrandissent considérablement et lui donnent un air de majesté qu'on rencontre rarement ailleurs et qui convient à un Palais : ces galeries sont un peu plus élevées que le terrain de la cour, et l'on y entre de tous côtés par des arcades qui sont ouvertes dans les façades extérieures ; elles servent également à entrer à couvert dans l'intérieur du Palais.

Cette première cour était autrefois suivie d'une seconde qui en faisait partie ; elle était en terrasse plus élevée, et l'on y arrivait par un perron de sept marches; elle était entièrement pavée de marbre, et fermée sur le devant par une balustrade de marbre blanc : cette terrasse a été depuis peu supprimée, afin de donner aux voitures la facilité d'approcher du Palais.

C'est au fond de la cour que s'élève le principal corps de logis : il est, ainsi que tout le reste de l'édifice, décoré d'un ordre toscan ; à l'étage au rez-de-chaussée, un second ordre dorique qui est encore terminé par un attique et par un ordre ionique, au droit de chaque pavillon, s'élève sur ce premier ordre. Non-seulement tous ces ordres, mais tout le nu du bâtiment est taillé en bossage, de façon qu'il ne reste presque de lisse que les faces des piédestaux et les frises des corniches. La richesse de cette ordonnance est admirable, et les proportions de tous les membres qui la composent sont d'une élégance extrême: cependant il serait à désirer que ces bossages n'y fussent pas en si grand nombre; la décoration en serait plus légère.

Le milieu de la principale façade du côté de la cour est formé par un avant-corps décoré de colonnes, et terminé par un fronton circulaire. Quant à la façade qui donne sur le jardin, on y a mal adroitement ajouté deux énormes pavillons qui, doublant, avec le corps du milieu, l'épaisseur du bâtiment dans cette partie, donnent à son élévation un aspect lourd et massif. Mais il faut moins s'en prendre à l'architecte de cette maladresse, qu'à l'usage établi dans le seizième et le dix-septième siècle, de conserver dans les constructions quelque chose qui rappelât ces tours gothiques dont tous les anciens châteaux étaient flanqués.

Mais quoiqu'il eût été à désirer qu'on renonçât, en bâtissant le Luxembourg, à un usage qui est en opposition avec les ordonnances grecques qui exigent de l'égalité dans les lignes et de la régularité dans les masses, on ne saurait donner trop d'éloges à l'élévation de ce Palais, et il n'en existe point qui se présente tout à la fois à la vue, d'une manière plus symétrique et plus pittoresque : on ne se lasse pas d'admirer la disposition des deux pavillons, ainsi que celle de la coupole qui s'élève au-dessus de la porte, et rien ne peut être comparé à la beauté de l'accord parfait qui règne entre ces trois masses pyramidales. L'idée qu'on a eue de les lier ensemble par deux terrasses est infiniment heureuse. Dans le principe, il régnait entre les pilastres accouplés de l'ordonnance, un mur massif qui d'accord avec le goût général de l'édifice, était coupé de bossages : on a jugé à propos d'ouvrir ce mur et d'y percer des massifs d'arcades semblables à celles de la cour; ce changement qui a donné de la légèreté à l'ensemble de l'édifice, a été vu avec plaisir par tous les gens de l'art.

Le jardin qui avant la révolution était tombé dans un état complet de délabrement, a été depuis quelques années considérablement augmenté et embelli par les soins de M. Chalgrin qui, indépendamment des éloges qu'il mérite pour le bon goût qui a présidé à tous les embellissemens qu'il a faits dans le jardin ainsi que dans le Palais, mérite des remercîmens pour le bon esprit qu'il a eu de ne pas toucher à la grande allée : grâces lui soient donc rendues de ne pas avoir cédé au génie destructeur du siècle dans lequel nous vivons, et d'avoir respecté les vieux arbres sous lesquels nos vieux aïeux venaient politiquer et se féliciter des victoires remportées par les guerriers de la vieille France! Pour en revenir à l'ensemble du jardin, de belles pièces d'eau, de jolis bosquets le décorent, et un grand nombre de statues dont la plupart sont imitées de l'antique l'embellissent.

Pendant la révolution, le Palais du Luxembourg a servi de prison à ses victimes : sous le dernier Gouvernement le sénat conservateur s'y réunissait, et depuis la restauration, l'auguste assemblée des Pairs y tient ses séances.

LE PALAIS DE LA BOURSE.

Depuis l'année 1724 que les négocians de la ville de Paris prirent la résolution de s'assembler journellement pour traiter des affaires relatives au commerce, le lieu de leur réunion fut plusieurs fois changé. Mais soit défaut de fonds, soit insouciance de leur part ou de celle du Gouvernement, le local où ils se rendirent ne répondit jamais à l'importante destination qui lui était attribuée, c'est à-dire, qu'il fut toujours mesquin, et peu digne de recevoir des citoyens aussi recommandables. Fatigué des reproches continuels qui lui étaient adressés à ce sujet, le Gouvernement s'est enfin déterminé à donner à la ville de Paris un Monument qui, sous le nom de *Palais de la Bourse*, doit réunir la grandeur, la grâce, la noblesse et la magnificence : c'est sur les dessins de feu M. Brougniard, que s'élève aujourd'hui ce superbe édifice, isolé et construit sur un périptère de deux-cent-trente pieds de long et cent-trente de large; il sera environné de soixante-six colonnes d'ordre corinthien, et composé de deux étages qui se trouveront compris dans la hauteur de l'ordre et de l'attique qui le surmontent. Les salles nécessaires à la tenue de la Bourse, seront au rez-de-chaussée ; le tribunal de commerce occupera l'étage supérieur.

L'ÉGLISE NOTRE-DAME.

Quoiqu'il semblerait qu'un monument d'une aussi grande importance que l'église Notre-Dame, dût offrir des traditions au moyen desquelles on aurait quelques notions sur son origine et sur les diverses révolutions qu'il a éprouvées, il n'en est pas moins constant que les plus épaisses ténèbres couvrent son antique existence, et que toutes les recherches que les savans ont faites pour les éclaircir, ont été infructueuses. La seule chose qui soit avérée, c'est que cette basilique ne fut, dans le principe, sous les premiers chrétiens, qu'un lieu de rassemblement pour leur culte, proportionné au petit nombre des fidèles; que, dans la suite, il fut agrandi, et qu'on éleva enfin, au même endroit, une église plus grande et plus magnifique(1), sous l'invocation de la Vierge, celle qu'elle remplaçait étant consacrée à saint Etienne (2).

Ce fut vers l'an 1160 que Maurice de Sully,

---

(1) Fortunat, évêque de Poitiers, qui vivait au sixième siècle, parle de la hauteur des voûtes de cette église, des colonnes de marbre, des vitraux superbes dont elle était décorée, et donne à entendre que c'était à Childebert qu'elle était redevable de cette magnificence.

(2) Par l'usage établi, dans ces temps-là, de bâtir de petites églises auprès des basiliques, celle de Saint-Etienne fut conservée.

évêque de Paris, conçut le dessein de réunir les deux églises en une seule basilique, et de leur donner, du côté de l'occident, une étendue plus considérable. En conséquence il fit abattre, jusqu'aux fondemens, celle de Notre-Dame, et éleva le nouveau sanctuaire; quant à l'église Saint-Etienne, elle ne fut détruite que cinquante ans après; mais, par une singularité remarquable, ce ne fut qu'au bout de trois siècles de travaux non-interrompus, que l'église Notre-Dame fut entièrement achevée: cependant on y célébra les offices divins dès l'an 1182.

La forme de ce monument gothique, qu'on cite avec raison comme un des plus beaux et un des plus vastes de la chrétienté, est une croix latine dont les principales dimensions, dans l'œuvre, sont de soixante-cinq toises pour la longueur, et de vingt-quatre pour la largeur : sa hauteur, sous clef de voûte, est de dix-sept toises deux pieds; cent vingt piliers et cent huit colonnes, chacune d'un seul bloc, soutiennent tout l'édifice, dont les différentes voûtes, afin d'opposer une forte résistance à ce qu'on appelle la *poussée* en terme d'architecture, sont contreboutées à l'extérieur par un grand nombre d'arcs-boutans de différentes hauteurs; la nef et le chœur sont accompagnés de doubles ailes voûtées, au-dessus desquelles règne un double rang de galeries spacieuses : quarante-cinq chapelles sont élevées dans ce vaste contour.

La façade, percée de trois portes, au-dessus desquelles on voyait sur une seule ligne, avant la révolution, les statues colossales de vingt-huit rois de France, dont le premier était Childebert, et le dernier Philippe-Auguste, est aussi remarquable par ses sculptures que par son élévation. Deux grosses tours carrées, dont la hauteur est de deux cent quatre pieds, et qui offrent, sur chaque dimension, une largeur de quarante, les terminent; et comme l'intervalle qui les sépare est égal à leur diamètre, il s'ensuit que la façade entière du portail est de cent vingt-quatre pieds; deux galeries hors d'œuvre servent de communication à ces deux tours, dans lesquelles on monte par un escalier de quatre cent quatre-vingt marches.

Une infinité de sculptures bizarres et grossières, représentant des sujets de l'écriture sainte, sont placées dans les vossures ogives des trois portes et dans les niches pratiquées au-dessous. Malgré les dégradations considérables qu'ont éprouvées ces sculptures, on y peut remarquer encore la barbarie gothique du temps où elles ont été faites.

Les piliers en forme pyramidale, qui règnent extérieurement autour de l'édifice, sont unis ensemble par trois galeries placées à diverses hauteurs. On admire la richesse, la variété de leurs ornemens et l'heureuse opposition qu'elles présentent avec la *lisse* des murs et des contreforts. La première de ces galeries est au-dessus des chapelles, la seconde surmonte les galeries inférieures, et la troisième règne autour du chenal du grand comble. Celle-ci, indépendamment de l'ornement de l'édifice auquel elle contribue, sert à sa solidité et à sa conservation, en facilitant son entretien et l'écoulement des eaux pluviales. La charpente, en bois de châtaignier, a trente pieds d'élévation.

La ferrure des portes latérales est remarquable, en ce qu'elle est composée d'enroulemens exécutés en fonte de fer, dans un style qui rappelle le goût grec du bas-empire. On les attribue à un fameux serrurier, nommé Biscornet. Cependant il serait permis de leur donner une plus ancienne origine, et de penser que ces pentures, travaillées en arabesques infiniment légères et ornées de rinceaux (1) et d'animaux, ont été enlevées de quelqu'autre monument, et appliquées sur celui-ci.

Magnifiquement décorée par Louis XIV, et enrichie des pieuses offrandes des rois, des princes, des confréries et des communautés des arts et métiers, l'église Notre-Dame renfermait des richesses inappréciables en peintures, en sculptures, en vases antiques et précieux, et en ornemens de tous genres : on voyait entre autres, devant l'autel de la Vierge, un lampadaire d'argent remarquable ; il était composé de sept lam-

---

(1) Feuillage qu'on emploie dans les ornemens de peinture et d'architecture.

pes, dont les six latérales avaient été données par Louis XIV et la reine son épouse. La ville de Paris, en mémoire d'un vœu singulier (1) qu'elle fit, lors de la captivité du Roi Jean, avait fait don de celle du milieu, qui avait la forme d'un navire : des tableaux, des statues et des tombeaux, dont la plus grande partie était des meilleurs peintres de l'école française, imprimaient à ce monument un caractère de grandeur et de luxe que le vandalisme a fait disparaître, mais que la religion et une saine politique lui rendront infailliblement.

Cependant, au milieu des dégradations qui ont été commises à la déplorable époque de 1793, quelques-unes de ces richesses ont été miraculeusement respectées ; de ce nombre est le groupe de la Vierge, placé dans la niche de l'arcade qui est derrière le grand autel. Dans ce groupe dont Coustou l'aîné est l'auteur, la mère du divin Sauveur est représentée les bras et les yeux étendus vers le ciel, la tête et une partie du corps de

---

(1) Livrés à toutes les horreurs de l'anarchie, les parisiens espérèrent toucher le ciel, en faisant vœu d'offrir tous les ans à Notre-Dame une bougie de la longueur de leur ville. Cette offrande fut faite pendant l'espace de deux cent cinquante ans, avec la plus sévère exactitude ; mais Paris prenant chaque jour de nouveaux accroissemens, il fut impossible de la continuer : en conséquence, il fut convenu, en 1605, que le don annuel de la bougie serait remis aux parisiens, sous la condition qu'ils le remplaceraient par la lampe d'argent.

son fils reposent sur ses genoux, tandis qu'un ange soutient une main du Christ et qu'un autre porte sa couronne d'épines (1).

Dans l'intérieur de l'église, qui est pavée en marbre, on remarque un magnifique buffet d'orgue placé sur les principales portes ; mais ce qui attire particulièrement tous les regards, c'est le sanctuaire et le chœur, où la dorure, les marbres précieux et les chefs-d'œuvre de la sculpture et de la peinture rivalisent de prix ; deux estrades de cinq pieds d'élévation, en marbre de griotte d'Italie, ornées de fleurs de lis disposées en échiquier et dorées d'or moulu, servent de jubé ; au milieu, une grille de même hauteur en fer poli et doré, et enrichie des monogrammes de la Vierge et du Roi, s'élève sur des degrés de marbre; le chœur, aussi pavé en marbre précieux, est décoré d'un aigle en cuivre doré, dont la hauteur est de sept pieds et l'envergure de trois et demi : il forme le lutrin. Deux pilastres en boiseries sont placés sur les deux jubés; ils sont décorés d'arabesques et supportent deux anges en bronze. Un superbe lutrin qui se termine au bas du chœur par deux chaires épiscopales d'une grande beauté, règne sur le dessus des deux rangs de stalles.

---

(1) L'autel, qui avait été entièrement dégradé, a été refait sur les dessins de M. Legrand. Huit pilastres, d'ordre ionique, le composent. Son élévation est de trois pieds, et sa longueur de douze pieds huit pouces. Dans le milieu est un bas-relief en bronze représentant Jésus-Christ mis au tombeau.

Sur cette boiserie et dans des cadres oblongs et ovales que des ornemens enrichissent et que des trumeaux ornés d'arabesques et des instrumens de la passion séparent, sont placés vingt bas-reliefs qui représentent les principaux traits de la vie de la Vierge.

Savoir :

En commençant au haut du chœur a droite.

Jésus-Christ donnant les clefs à saint Pierre.
La Naissance de la Vierge.
La Présentation de la Vierge au temple.
La Vierge instruite par sainte Anne.
Le Mariage de la Vierge avec saint Joseph.
L'Annonciation.
La Visitation de la Vierge par sainte Elisabeth.
La Naissance de Jésus-Christ.
L'Adoration des Mages.
La Circoncision.

En commençant au haut du chœur a gauche.

Les Pélerins d'Emmaüs.
La Douceur.
L'Humilité.
La Prudence.
La Religion.
L'Assomption de la Vierge.
Une Descente du Saint-Esprit sur les Apôtres.
Une Descente de croix.
Une Contemplation de la Vierge.
Les Noces de Cana.

Les deux chaires archiépiscopales sont également ornées de bas-reliefs. Celui de droite représente le martyre de saint Denis, premier évêque de Paris; celui de gauche, la guérison miraculeuse de Childebert par l'intercession de saint Germain, évêque de Paris.

Une corniche, dont les richesses du dessin ne laissent rien à désirer, surmonte les boiseries du chœur. Huit grands tableaux, ouvrage des meilleurs maîtres de l'école française, occupent la partie supérieure de cette boiserie.

En commençant par le haut du chœur, a droite.

L'Annonciation de la Vierge, par Hallé.
La Visitation (le magnificat), par Jouvenet.
La Nativité de Jésus-Christ, par Lafosse.
L'Adoration des Mages, par le même.

En commençant par le haut du chœur, a gauche.

La Présentation de Jésus-Christ au temple, par Jean Boulongne.
La Fuite en Egypte, par le même.
La Présentation de la Vierge au temple, par Philippe de Champagne.
L'Asomption de la Vierge, par Antoine Coypel.

Le sanctuaire est séparé du chœur par deux balustrades dont les appuis, d'un marbre d'Egypte très-fin, sont soutenus par des balustres de marbre serancolin; deux candelabres de sept pieds de hauteur sont placés sur ces deux appuis; le pavé du sanctuaire est une riche mosaïque; deux piédestaux de marbre blanc, chargés d'écussons aux armes de France, sont placés dans les baies des arcades les plus proches de l'autel; la statue de Louis XIII est sur celui du côté de l'épître, et celle de Louis XIV sur celui où est l'évangile; six anges en bronze, posés sur des piédestaux de marbre blanc, complettent les religieuses décorations du sanctuaire.

L'église Notre-Dame renfermait, comme nous l'avons dit, un nombre infini de curiosités; parmi celles qu'elle a conservées ou qui lui ont été rendues, voici les plus remarquables :

- Les grilles, en fer poli, verni au feu, surmontées d'une frise étrusque qui ferment les arcades du sanctuaire.
- Les mystères de l'ancien Testament, sculptés sur le pourtour extérieur du chœur : (ouvrage du quatorzième siècle.)
- Un jugement dernier, qui fut le cénotaphe de Jean Yver : (ce monument de sculpture gothique est placé près de la porte latérale voisine du cloître.)
- Un lambris de menuiserie provenant de l'ancienne salle d'assemblée du chapitre Notre-Dame : (ouvrage du seizième siècle.)
- Les roses qui éclairent les croisées.
- Une Vierge de marbre blanc, d'ANTONIO BAGGI : (cette statue est dans la chapelle de S.-Rigobert.)
- Le cénotaphe du cardinal Dubelloy, par DESEINE, (dans la chapelle St.-Jean.)
- Des reliquaires contenant des portions de la couronne d'épines de Jésus-Christ et de la vraie croix : (dans la sacristie.)

Trois fouilles remarquables ont été faites dans l'église Notre-Dame, la première en 1699, la seconde en 1711, et la troisième en 1756. Celle de 1699 a fait découvrir sous les pavés du sanctuaire, les tombes d'un grand nombre d'évêques et autres personnages éminens dont plusieurs y avaient été enterrés, peu de tems après l'élévation de l'édifice; neuf pierres antiques chargées de sculptures et d'inscriptions en caractères romains, et qui paraissent être les débris d'un autel consacré par les *Nautes* parisiens à Jupiter très-grand et très-bon, à Esus, à Vulcain, à Castor et Pollux, ont été les produits de la seconde fouille. Enfin, dans celle de 1756, on a acquis la certitude que les fondations de l'église Notre-Dame, loin d'être bâties sur pilotis, comme on s'obstinait à le dire, reposent sur un gravier solide.

LE GARDE-MEUBLE,
PLACE LOUIS XV.

Lorsque l'on voit, pour la première fois, les deux bâtimens qui portent le nom de Garde-meuble, on s'étonne de l'isolement où ils se trouvent, à l'extrémité de la superbe place sur laquelle ils sont élevés, et on se demande pourquoi l'on s'est écarté de la règle générale qui veut qu'une place soit environnée d'édifices réguliers, comme ceux qui décorent la place Vendôme, la place des Victoires et la place Royale. Avec un peu de réflexion, cette espèce de problème sera bientôt résolu, et on sera forcé de convenir que ce n'est pas sans raison qu'un caractère particulier a été donné à la place Louis XV. Le plan en a été conçu d'après des convenances locales ; et, comme sa position est unique par l'entourage, non-seulement des objets imposans ou agréables qui s'y font remarquer, mais encore par les monumens qui s'y trouvent, ou ceux qu'on se propose d'y ajouter, on a pensé qu'il valait mieux qu'elle fût le centre de cette variété de points de vue (1), que d'offrir la riche monotonie de constructions symétriques.

---

(1) Le jardin des Tuileries, les Champs-Élysées, l'avenue de Neuilly, le pont Louis XVI, le palais du Corps-

La statue en bronze de Louis XV occupait, avant la révolution, le milieu de la place : ce prince y était représenté à cheval, en costume romain, et couronné de lauriers. Quatre figures colossales, représentant des Vertus caractérisées par leurs attributs, étaient placées aux quatre coins du piédestal, dont la corniche était ornée de guirlandes de laurier, de cornes d'abondance, etc., et dont les quatre surfaces étaient couvertes de tables de marbre chargées d'inscriptions et de bas-reliefs en bronze. Deux grands trophées, composés de boucliers, de casques, d'épées et de piques antiques, également jetés en bronze, reposaient sur le socle; le monument était entouré d'une magnifique balustrade de marbre.

C'est donc dans le louable dessein de terminer la place Louis-XV, par une architecture en même temps somptueuse et pittoresque, du seul côté où la vue aurait été nécessairement bornée, qu'on y a élevé les deux bâtimens qui présentent deux façades de quarante-huit toises de longueur chacune, sur soixante-quinze pieds de hauteur : deux avant-corps, couronnés de frontons, les terminent; et, dans l'espace qui les sépare, on voit une suite d'arcades, décorée de bossages, et formant galerie, qui sert de soubassement à un péristyle de colonnes isolées d'ordre corinthien :

Législatif, les quais de la rive gauche de la Seine, les Invalides, la nouvelle église de la Madeleine.

une balustrade couronne toute la longueur de l'édifice.

Il est évident que Gabriel, qui fut chargé en 1768 de ces constructions, voulut rivaliser avec la belle colonnade du Louvre ; mais, malgré tout l'éclat et toute la magnificence qui distinguent son ouvrage, celui de Perrault aura toujours la palme.

L'ÉGLISE DE SAINT-SULPICE.

L'église de Saint-Sulpice, dont nous ne chercherons pas à discuter l'origine, parceque cette discussion ne conduirait à aucuns résultats satisfaisans, tombait en ruine, et son peu d'étendue ne lui permettait plus de contenir le grand nombre de fidèles qui venaient y assister à l'office divin, lorsque ses plus riches et ses plus recommandables paroissiens, pressés par cette double considération, résolurent de se réunir afin de subvenir aux frais de la construction d'une nouvelle Église. Ce fut la reine Anne d'Autriche qui en posa la première pierre, le 20 février 1646. Louis Levau en composa les dessins, et, après sa mort, le soin d'en conduire les travaux fut confié à Daniel Guittard. Plein de respect pour le talent de son prédécesseur, il acheva la chapelle de la Vierge, et construisit, d'après son plan, le chœur, les bas-côtés qui l'environnent, et les deux croisées. Il commença ensuite et poussa même jusqu'au premier ordre le portail d'une de ces croisées ; mais les dépenses considérables qu'entraînèrent ces premières constructions ayant non-seulement épuisé tous les fonds de la Fabrique, mais l'ayant encore endettée, on fut dans la nécessité d'interrompre tout à coup les travaux de ce beau monument.

Quarante ans s'écoulèrent sans qu'on songeât à les reprendre. Cet honneur était réservé à M. Languet de Gergi, curé de cette paroisse en 1718, qui, avec la modique somme de trois cent francs, fruits de ses épargnes, conçut le noble dessein de les remettre en activité. Il acheta en conséquence quelques pierres, et fit adroitement répandre le bruit qu'elles devaient être employées à la continuation de son église. Ce généreux exemple ne tarda pas à être suivi par ses paroissiens, et le pauvre aussi bien que le riche se fit un religieux devoir d'aller lui porter son offrande. Il recueillit ainsi des sommes considérables, auxquelles Louis XV voulut bien ajouter, en 1721, les bénéfices d'une loterie.

Un architecte que l'intrigue, au défaut du talent, avait fait nommer directeur général des bâtimens et des jardins du duc d'Orléans, fut chargé de la continuation de l'édifice. Son nom était Gille-Marie Oppernord. Loin de se comformer au plan raisonnable qu'avaient tracé Levau et Guittard, il entassa avec si peu de goût les ornemens les uns sur les autres, qu'il en résulta la confusion la plus bizarre. Le grand portail restait à faire ; heureusement il n'y mit pas la main.

Ce fut le célèbre chevalier Servandoni qui commença en 1733 ce superbe portail, et qui y déploya toutes les ressources de son art et de son génie. La grande manière qui caractérise tous ses ouvrages s'y fait remarquer. Belles proportions, hardiesse du dessin, grands effets, tout s'y rencontre. Il est peu de conceptions aussi hardies que celle de la direction des ordres dorique et ionique dont les entablemens suivent toute l'étendue de la façade sur une longueur de trois cents quatre-vingt-quatre pieds sans aucun ressaut. Mais on vit avec peine que les tours qui couronnèrent l'ouvrage ne répondaient pas à ce qu'on avait dû attendre de l'artiste recommandable qui avait élevé le portail. Un architecte, nommé Maclaurin, qui fut chargé d'y faire les changemens nécessaires, ne fut pas plus heureux que Servandoni. C'est à M. Chalgrin que devait appartenir l'honneur d'élever une tour qui fût en parfaite harmonie avec les ordres qui l'accompagnent. La révolution qui survint arrêta ses travaux. Mais tout fait espérer que le gouvernement ne le laissera pas incomplet, et que sitôt que les circonstances le lui permettront, il s'empressera de satisfaire sur ce point les justes désirs du public. Alors le portail de Saint-Sulpice présentera partout une élévation qui surpassera d'une toise celle de Notre-Dame, puisqu'elle sera de deux cent dix pieds.

Les autres parties de l'édifice commencées en 1718 furent successivement exécutées. M. Languet fit élever le portail de la croisée à droite, composé de deux ordres de colonnes dorique et ionique; quant à celui de la croisée à gauche, il présente également deux ordres composés chacun de quatre colonnes; le premier corinthien, et le second composite. Ces deux parties achevées, on s'occupa de la construction de la nef, qui ne fut terminée qu'en 1736. Neuf ans après, le 30 juin 1745, la dédicace en fut faite sous l'invocation de la sainte Vierge, de saint Pierre et de saint Sulpice, en présence de tous les prélats réunis à Paris pour l'assemblée du clergé.

Dans l'intérieur, le maître-autel offre un aspect plein de noblesse et de majesté. Construit à la romaine et isolé entre la nef et le chœur, il est élevé de sept degrés; sa forme a celle d'un tombeau: à travers le rond-point du chœur, qui est percé d'une arcade, on aperçoit la chapelle de la Vierge, dans laquelle brille la plus grande magnificence. Dans une niche que supporte en dehors une trompe en coupe de pierre dont l'exécution est admirable, est placé le groupe de la Vierge et de l'enfant Jésus: l'art avec lequel ces deux belles figures sont éclairées ne laisse rien à désirer; le marbre, la dorure et la peinture qui décorent cette chapelle y sont employés sans profusion et dans le seul dessein d'ajouter à la majesté du style et de commander ainsi la vénération.

Deux chapelles décorées de huit colonnes corinthiennes, et soutenant une frise garnie de rinceaux d'ornemens, ont été construites au bas des tours ; dans l'une sont les fonds baptismaux, et dans l'autre le Saint-Viatique ; elles sont toutes deux surmontées d'un plafond en coupole avec caissons et rosaces, séparés par des bandes à l'aplomb des colonnes. Ainsi que le chœur, la nef et les bras de la croix sont percés d'arcades. Leurs pieds, qui s'élèvent en ligne droite, sont ornés de pilastres corinthiens qui correspondent aux arcs-doubleaux des voûtes ; enfin, un marbre à hauteur d'appui revêt tous les piliers de cette église.

LA FONTAINE
DE LA PLACE DU CHATELET,

ou

LA FONTAINE DU PALMIER.

C'est au bas du Pont-au-change, construit à la place de celui qu'on appelait jadis le Grand-Pont, et qui fut pendant long-temps la seule communication de la Cité avec la rive septentrionale de la Seine, qu'est élevée la fontaine du Palmier : elle occupe le milieu de la place où l'on voyait encore il y a quelques années un ancien château nommé le *Grand-Châtelet*, dont les prisons devinrent célèbres par les événemens tragiques qui s'y passèrent, principalement du temps de la Ligue et de la faction des Armagnacs : mais cette célébrité n'est pas la seule dont a joui le Grand-Châtelet ; l'histoire lui en assigne une autre moins triste et plus honorable. On lit dans le Grand-Coutumier de France que le prévôt de Paris, en sa qualité de chef du Châtelet, représentait la personne du Roi, au fait de la justice. Il est constant que plusieurs rois, et notamment Saint-Louis, l'y ont rendue en personne. Aussi le tribunal du Châtelet était-il le seul qui eût le droit d'avoir un dais au-dessus de son principal siége.

En matière civile, les bourgeois de Paris ne pouvaient être attaqués qu'à cette juridiction ; et si le Roi, par une faveur particulière, exemptait quelques-uns de ses sujets de comparaître devant les tribunaux établis dans les provinces, c'était devant le prévôt de Paris que leurs causes étaient portées.

Il est naturel de croire qu'une place qui donnait de si belles prérogatives devait être briguée, et qu'il n'y avait aucun seigneur en France qui ne se fît un honneur d'en être revêtu ; plusieurs l'occupèrent successivement jusqu'à l'époque malheureuse où les troubles et les besoins de l'État forcèrent le conseil du Roi, encore mineur, de comprendre la prévôté de Paris au nombre des fermes royales, et de l'adjuger au plus offrant ; mais aussitôt que cette vénalité fut établie, ils se retirèrent : heureusement cet état de choses ne fut pas de longue durée ; la majorité du Roi le fit cesser.

Après quelques changemens successifs dans la juridiction du Grand-Châtelet, le prévôt de Paris fut autorisé en 1526 à prendre le titre de *garde de la Prévôté* ; de très-grands privilèges furent donnés à ce magistrat, et on le considéra dès-lors comme le chef de la noblesse, de la première ville et de la première province du royaume : mais vingt ans s'étant encore écoulés, pendant lesquels ces priviléges restèrent intacts, Henri II les annulla en créant des présidens dans les principales villes du royaume, et en rétablissant au Châtelet l'un des siéges de cette juridiction. De ce moment, le pouvoir du prévôt de Paris fut resserré dans de justes bornes, et partagé ensuite entre vingt-quatre députés qui furent chargés de l'assister dans l'administration de la justice.

Mais pour en revenir à la fontaine du Palmier, dont la description ne saurait être longue, sa forme est un quadrilatère, au milieu duquel s'élève une colonne du style égyptien, de cinquante-deux pieds de hauteur, surmontée d'une statue dorée de la Victoire : le bassin a vingt pieds de diamètre ; au bas de la colonne sont placées quatre statues représentant la Vigilance, la Loi, la Force et la Prudence : ce monument estimé est de M. Boizot. Il a été commencé dans le mois de septembre 1807 et terminé dans celui d'octobre 1808. Les travaux hydrauliques ont été exécutés par M. Brule, ingénieur.

LE
PALAIS DU CORPS LÉGISLATIF.

Ce Palais occupe aujourd'hui une partie du Palais-Bourbon, redevable de sa première construction à Louise-Françoise, duchesse de Bourbon. Ce fut en 1722 que cette princesse fit élever cet édifice sur le dessin d'un architecte italien, nommé Girardini; augmenté depuis par plusieurs autres architectes, et réuni aux constructions primitives de l'hôtel de Lassay, il forma un ensemble de bâtimens dans lesquels les princes de la maison de Condé se plurent à réunir tout ce que le luxe et les arts peuvent offrir de plus somptueux et de plus élégant.

L'aspect de la façade de ce Palais, situé sur les bords de la Seine, en face des Tuileries et des Champs-Élysées, se composait de deux pavillons en longueur, formés chacun d'un simple rez-de-chaussée. Cette composition mesquine que masqua le pont Louis-XVI lorsqu'il fut construit, rendit son ordonnance encore plus choquante, et l'on s'attendait à voir le prince qui en était alors propriétaire, donner des ordres pour que ces incohérences disparussent, lorsque la révolution éclata.

Plusieurs changemens furent d'abord faits dans cette façade, au nombre desquels fut un attique qu'on éleva sur l'ordonnance, mais qui ne fit qu'exhausser un peu la masse, sans la rendre ni meilleure ni plus agréable à la vue : enfin on se décida à le remplacer par un pérystile dont M. Poyet donna le dessin ; douze colonnes corinthiennes isolées et surmontées par un fronton triangulaire, sculpté par Fragonard, le composent. La Loi assise sur les tables de la Charte et appuyée sur la Force et la Justice, est représentée sur le bas-relief de ce fronton. La Paix, sous la figure de Mercure, emblème du commerce, est à gauche ; la Seine et la Marne mêlant leurs ondes, occupent le derrière du groupe ; l'Abondance, suivie des Arts et des Sciences, s'avance de l'autre côté sous les auspices de la Loi ; l'oiseau de Minerve est posé sur le trône de la Justice.

Un superbe escalier conduit au pérystile, au pied duquel les statues colossales de Minerve et de Thémis sont placées : la première est de Rolland, et la seconde de Houdon ; celle de Sully par Beauvallet, de Colbert par Dumont, de l'Hôpital par Deseine et de Daguesseau par Foucon, sont à l'extérieur. A la suite de ce pérystile, on entre de plein pied dans la salle où MM. les députés des départemens tiennent leurs séances. La forme de cette salle qui ne reçoit le jour que d'en haut, est semi-circulaire. Des banquettes, rangées en gradins dans un demi-cercle, servent de siéges à MM. les députés. Au-dessus sont deux rangs de tribunes publiques; derrière le bureau où se placent le président et les secrétaires de la chambre, sont les bustes en plâtre de Louis XVI, de Louis XVII et de Louis XVIII, par Deseine: des figures en marbre doivent les remplacer. Sur le bas-relief de la tribune qui est au-dessous du fauteuil du président, sont deux figures assises représentant l'Histoire et la Renommée par Lemot. Les statues de Licurgue, Solon, Démosthène, Brutus, Caton et Cicéron, sont dans des cintres pratiqués à droite et à gauche du bureau.

Cinq tableaux font l'ornement de la salle, dite *salle des conférences*;

Savoir :

La Mort de Socrate, par Peyron.
Périclès et Anaxagore, par Belle.
Philoctecte, par Lethiers.
Hero et Léandre, par Taillasson.
OEdipe et Antigone, par Thévenin.

Le portrait en pied de Louis XVIII et celui de *Madame*, duchesse d'Angoulême, se trouvent dans le salon du Roi.

L'entrée du Palais du corps législatif, du côté opposé à la rivière, est celle du Palais-Bourbon. C'est une des plus magnifiques de la capitale. Le vestibule qui se compose d'une grande porte, accompagnée de chaque côté d'une colonne d'ordre corinthien, réunit la noblesse, la grâce et la majesté; mais il n'en est pas de même de l'avant-cour qui n'a pas assez d'étendue, et des bâtimens dont elle est environnée, ils manquent de caractère. La seconde cour n'offre pas les mêmes défauts; elle est décorée de portiques et de masses bien distribuées ; au fond s'élève et se détache sur le nu du mur un portique orné de colonnes corinthiennes qui annonce l'entrée du monument. Ce portique et la décoration de la salle des séances sont de M. Gisors.

L'HOTEL-DE-VILLE.

Rien n'est si obscur comme l'origine de l'espèce de juridiction dont jouissait l'Hôtel-de-Ville de Paris : aussi, loin de nous en occuper, nous arriverons de suite à l'époque où il a été parlé, pour la première fois, des prévôts et des échevins qui composaient alors son corps municipal. Cette époque est celle du treizième siècle, et le titre qui le prouve est une ordonnance de police d'Etienne Boileau, prévôt de Paris, dans laquelle les échevins sont tour à tour présentés sous cette dénomination, et sous celle de *jurés de la confrairie des marchands de Paris*. Un arrêt du parlement de la Chandeleur, donné en 1269, donne le nom de *Prévôt des marchands* au chef de ces jurés. De grands priviléges étaient accordés par les rois à l'Hôtel-de-Ville, et ses magistrats en jouissaient sans entraves, lorsque la sédition des Maillotins força Charles VI d'ôter aux bourgeois leurs armes, la garde, les chaînes de la ville, et de supprimer la prévôté des marchands, l'échevinage, la juridiction, la police et le greffe. Cependant cet état de choses ne dura pas long-temps. Le roi s'appaisa, et rendit à la ville ses priviléges ; mais la plus grande partie des titres ayant été perdus pendant les troubles, on en fut réduit à la nécessité de rédiger une ordonnance générale qui satisfit en même temps les deux parties intéressées, le roi et la ville. Cette ordonnance, composée de près de sept cents articles, fut scellée du grand sceau, au mois de février 1415.

Il est naturel de penser que, pendant les diverses révolutions qu'éprouva le corps municipal, il lui fut impossible de tenir ses séances dans le même emplacement. Le premier qu'il occupa, nommé *la maison de la marchandise*, était situé dans la Vallée de Misère (1); le second, appelé le *parlouer aux bourgeois*, se trouvait dans le voisinage du Grand-Châtelet; le troisième à la porte Saint-Michel, dans de grandes tours qui appartenaient à la ville, et le quatrième dans un endroit qui fut successivement nommé *la Maison de Grève*, *la Maison aux Piliers* et *la Maison aux Dauphins* (2); mais ce ne fut qu'en 1332 que

---

(1) Aujourd'hui le Quai de la Ferraille.
(2) Il y avait, dit Sauval, dans cette maison, formée par deux pignons, deux cours, un poulailler, des cuisines hautes et basses, grandes et petites, des étuves accompagnées de chaudières et de baignoires; une chambre de parade, une autre d'audience, appelée *le plaidoyer*; une chapelle lambrissée, une salle couverte d'ardoises, longue de cinq toises et large de trois, et plusieurs autres commodités. Cette maison, qui nous paraîtrait aujourd'hui si chétive, était une des plus grandes de ce temps-là, et servait non-seulement de lieu d'assemblée aux officiers municipaux, mais encore d'habitation au prévôt des marchands et à toute a famille.

5*

le corps municipal, jaloux de donner à la ville de Paris un monument qui fût digne d'elle, fit l'acquisition d'un vaste terrain, et arrêta définitivement le plan d'un nouvel édifice, dont la première pierre fut posée, le 15 juillet 1333, par Nicole, qui était alors prévôt des marchands.

Le plan qui avait été adopté étant gothique, on commença à bâtir d'après ce genre d'architecture; mais l'édifice était à peine élevé jusqu'au second étage, que le dégoût qu'inspira la vue du style barbare qui le caractérisait, en fit suspendre tout à coup les travaux. Alors un Italien, nommé Dominique Boccadaro, dit *Cortone*, conçut un projet qu'il présenta, en 1549, à Henri II, et qui eut l'assentiment de ce prince : en conséquence, on détruisit le premier ouvrage ; et, se conformant au plan de l'architecte italien, on reconstruisit l'Hôtel-de-Ville, tel qu'on le voit aujourd'hui ; mais il s'écoula plus d'un demi-siècle avant qu'il fût entièrement achevé. En 1605 le célèbre Miron, qui était prévôt des marchands, y fit placer la statue équestre d'Henri IV dans le cintre qui surmonte la porte d'entrée (1).

Malgré le défaut de pureté dans le style, et l'inobservation des vrais principes de la bonne architecture qui se laisse apercevoir dans l'Hôtel-

---

(1) Cette statue, enlevée pendant la révolution, a été remise à sa place par les soins de M. le comte de Chabrol de Volvic, préfet de la Seine.

de-Ville, cet édifice n'en est pas moins très-remarquable, surtout si l'on considère l'époque où il fut élevé : l'ordonnance qui y règne, les entablemens, les profils, les chambranles des fenêtres et les détails de la sculpture répandue, tant à l'extérieur que dans l'intérieur, annoncent qu'on commençait dès-lors à revenir à cette régularité de formes, et à ce mode de décoration qui distinguent les monumens de l'antiquité.

On s'étonne, avec raison, qu'au milieu des dépenses énormes qui ont été faites pour embellir Paris, depuis vingt ans, on n'ait pas songé à construire un Hôtel-de-Ville dans un quartier plus convenable, et à le mettre en proportion avec les besoins actuels d'une ville si grande et si opulente. Il est certain que son ancienne juridiction n'exigeait pas plus d'étendue ; et que, n'étant le centre d'aucune administration, celle qu'elle possédait était suffisante : mais aujourd'hui que l'Hôtel-de-Ville est devenu l'hôtel de la préfecture du département de la Seine, et que les attributions, le travail et le nombre des bureaux de cette administration l'assimilent à un ministère, il n'est personne qui ne désire voir le Gouvernement prendre en considération toute son importance, et fournir aux frais d'un établissement qui le rende digne du rang qu'il occupe dans la capitale.

LE PALAIS ROYAL.

C'est au cardinal de Richelieu, premier ministre de Louis XIII, que l'on doit l'élévation de ce bel édifice, commencé en 1629, sur les dessins de Jacques Mercier, et achevé en 1636. Il porta d'abord le titre modeste d'*Hôtel* de Richelieu, et ce ne fut que lorsque la fortune et la puissance du ministre furent parvenues au plus haut période, que la vanité lui fit prendre le nom de *Palais-Cardinal*. Celui de *Palais-Royal*, qu'il eut depuis et qu'il a conservé, ne lui a été donné que lorsque Louis XIV, la régente et la famille royale vinrent, après la mort de Louis XIII, y établir leur demeure, le 7 octobre 1642. Cet édifice qui, dans ses additions successives, offre une image frappante de l'accroissement monstrueux des richesses du cardinal, ne fut donc, dans le principe, qu'un simple hôtel, situé à une des extrémités de la ville; l'enceinte élevée par Charles VI subsistant encore à cette époque. Un grand emplacement étant nécessaire au projet que le ministre avait conçu, il s'empara de plusieurs terrains qui se trouvaient à sa bienséance, où l'on cultivait alors des légumes et où l'on jetait les immondices de la ville. Il prit autant d'espace qu'il en voulait avoir, et sur celui qui ne fut pas occupé par les bâtimens et le jardin, il construisit une quantité considérable de maisons qu'il vendit, et qui formèrent la rue de Richelieu, et une partie de celles des Petits-Champs et des Bons-Enfans.

Les changemens que le Palais royal a éprouvés, pendant l'espace d'un siècle et demi sont très-nombreux. Plusieurs corps de logis séparés par des cours dont les principales se trouvaient au milieu de ces constructions, composèrent primitivement l'ensemble du bâtiment. La première de ces cours était la plus petite : une vaste salle de comédie que Louis XIV donna en 1660 à Molière et qui fut ensuite destinée aux représentations de l'opéra, avait été élevée en entrant dans l'aile droite. Quant à la gauche, elle était occupée par une magnifique galerie dont la voûte avait été peinte par Philippe de Champagne qui, pour reconnaître la protection toute particulière que le cardinal lui accordait, y avait représenté les principales actions qui avaient illustré le ministère de ce grand-homme. La seconde cour qui donnait sur les jardins et qui n'en était séparée que par des arcades symétriques qui soutenaient une galerie découverte, en terrasse, pour la communication des deux ailes, n'était entourée de bâtimens que de trois côtés. Cette partie était plus riche d'architecture que celle de la première cour. L'ordre dorique en pilastres y était observé au second étage, soutenu d'un premier, au rez-de-chaussée formé d'arcades, entre les bandeaux desquelles on avait sculpté des attributs de marine qui faisaient allusion à la charge de grand-maître et surintendant de la navigation dont le cardinal était revêtu. Les gens de l'art observent avec peine que cette seconde cour manquant de régularité, et son axe étant différent de celui de la première, il en résultera toujours un embarras extrême pour l'architecte qui serait chargé de terminer ce palais d'une manière satisfaisante.

Le caractère de grandeur que le cardinal de Richelieu sut imprimer à tout ce qu'il fit, dut nécessairement briller dans sa nouvelle demeure. Aussi y répandit-il, avec une profusion extraordinaire, toutes les ressources dont l'opulence et les arts sont susceptibles : enfin, lorsqu'il fut parvenu à réunir toute la magnificence qui pouvait le rendre digne de devenir une habitation royale, il en céda la propriété à Louis XIII par une donation qu'il lui en fit entre-vifs, dès l'an 1639, et qu'il renouvela par son testament en 1642 (1).

Quelque temps après que la famille royale eut fixé son séjour dans le Palais-Cardinal, la place qui donne sur la rue Saint-Honoré fut

---

(1) Indépendamment du palais dont il est ici question, le cardinal de Richelieu donna à Louis XIII huit tentures de tapisserie, cinq cent mille écus d'argent comptant, un buffet d'argent ciselé pesant trois mille marcs, un grand diamant taillé en cœur, et sa chapelle enrichie de

construite. C'est aussi à la même époque que Louis XIV fit cession de ce Palais à son frère, pour en jouir sa vie durant. Mais ce ne fut qu'en 1692 que ce même prince en fit donation entière à Philippe d'Orléans, duc de Chartres, en faveur de son mariage avec Marie-Françoise de Bourbon.

On voyait avec intérêt, avant la révolution, une galerie qui régnait, à main gauche, dans la seconde cour, galerie que le cardinal avait fait bâtir et qu'il avait consacrée à la gloire des personnes les plus illustres de la monarchie, depuis Suger, abbé de Saint-Denis, jusqu'au maréchal de Turenne, c'est-à-dire, depuis le règne de Louis VII jusqu'à celui de Louis XIV. Les figures, de grandeur naturelle, qui représentaient ces héros, étaient au nombre de vingt-cinq; elles avaient été peintes par Philippe de Champagne, Simon Vouet, Juste d'Egmont et Poerson : de plus petits tableaux et des devises indiquaient les belles actions de ces grands-hommes.

La façade extérieure du Palais royal est d'ordre dorique, formant terrasse au-devant de la cour, à laquelle trois portes, d'une menuiserie estimée, et couvertes de bronze et d'ornemens d'une grande

---

diamans, composée d'une grande croix, de deux chandeliers, d'un calice et de deux burettes; toutes ces pièces étaient d'or et garnies de pierreries. Il y avait aussi un ciboire d'or avec des rubis, avec un reliquaire, en même métal, qui avait appartenu à saint Louis.

richesse servent d'entrée. Ces trois portes sont unies aux deux pavillons en retour qui composent les ailes du bâtiment, par un mur percé de portiques. Deux ordres, l'un dorique au rez-de-chaussée, et l'autre ionique au premier étage, ornent ces pavillons que couronnent des frontons triangulaires. Le bâtiment qui forme la façade est décoré de colonnes doriques et ioniques surmontées d'un fronton circulaire où étaient autrefois placées deux figures qui supportaient les armes de la maison d'Orléans. Cette façade est composée de neuf croisées, en y comprenant les trois qui se trouvent sur l'avant-corps du milieu (1). Du côté de la seconde cour, est une autre façade exécutée à-peu-près dans le même goût, et dont l'avant-corps est décoré de huit colonnes ioniques cannelées, posées sur un soubassement. Quatre statues représentant Mars, Apollon, la Prudence et la Libéralité sont placées à l'aplomb, et au-devant de l'attique qui surmonte ces colonnes. Les ornemens des cartouches, des frontons des deux pavillons de l'entrée et des autres parties des nouvelles constructions, étaient de M. Pajou.

Des colonnes doriques décorent le vestibule qui sépare les deux cours. On voit à droite un très bel escalier qui conduit aux appartemens.

---

(1) Toutes ces constructions ont été faites sur les dessins de M. Moreau qui était à cette époque architecte de la ville.

La serrurerie de la rampe est un chef-d'œuvre.

Le jardin du Palais royal, avant les dernières années qui précédèrent la révolution, n'était pas ce qu'il est aujourd'hui. Deux belles pièces de gazon bordées d'ormes taillés en boules, accompagnaient de chaque côté un grand bassin placé dans une demi-lune, ornée de treillages et de statues en stuc ; un quinconce de tilleuls, dont l'ombrage était délicieux, régnait au-dessus de cette demi-lune. La grande allée surtout formait un berceau impénétrable au soleil ; toutes les charmilles étaient taillées en portiques. C'était sous ces arbres épais que se réunissait la meilleure compagnie de la capitale : la mère osait alors y conduire sa fille.

A présent quelle différence ! depuis que le feu duc d'Orléans, adoptant en partie le projet qu'avait formé le cardinal de faire construire des maisons symétriques autour de ce jardin, et d'ouvrir trois principales entrées sur les trois rues de Richelieu, des Petits-Champs et des Bons-Enfans, a, par une spéculation sordide et indigne d'un prince, transformé son Palais en une espèce de bazar ; depuis que tout ce que Paris renferme de plus impur en a fait, en quelque sorte, son repaire, il a été abandonné aux joueurs, aux filles de mauvaise vie, et l'innocence ne le traverse plus qu'en tremblant, même en plein midi. Encore si la décoration de l'immense galerie qui consiste en petites arcades séparées par des pilastres corinthiens, présentait quelques beautés; mais aussi mesquine que mal exécutée, elle ne saurait dédommager de la perte d'une grande partie du jardin. C'est vainement que les plus riches produits des manufactures et des arts y sont étalés dans des boutiques dont l'élégance est extrême : quelque brillante que soit une foire, la noblesse et la majesté n'y président jamais (1).

Le plan était de faire raccorder les anciennes constructions avec les ailes de la seconde cour du Palais; mais les dépenses énormes dans lesquelles le feu duc d'Orléans fut entraîné pour soutenir une révolution, dont il fut bientôt après lui-même la victime, lui ôtèrent les moyens de fournir les fonds nécessaires à l'entière exécution de son projet. En conséquence, les travaux du Palais royal furent interrompus, et il resta dans l'état où nous le voyons, à l'embellissement

---

(1) Pendant la révolution, il y avait dans le Palais-Royal un nombre considérable de cafés, de restaurateurs, de maisons de jeu, de lieux de prostitution, un grand et un petit théâtre, deux spectacles d'ombres chinoises et de fantoccini, un cirque, trois clubs, une assemblée militaire, une loge de francs-maçons, des maisons de vente, etc., etc. Aujourd'hui, plusieurs de ces établissemens s'y trouvent encore; mais on doit dire, à la louange de M. le duc d'Orléans, que, depuis qu'il habite le Palais-Royal, il a mis tous ses soins à réprimer la licence par trop scandaleuse qui y régnait. Il est malheureux que les circonstances, la vente des arcades, et ce qu'on appelle *les lumières du siècle*, ne lui aient pas permis de rendre la réforme plus générale et plus complète.

près d'un superbe bassin et d'un jet-d'eau dont l'effet est infiniment agréable, que M. le duc d'Orléans vient d'y faire établir.

Dans le plan primitif, une quatrième façade dont l'ordre d'architecture aurait été en quelque sorte le même que celui des trois autres, devait former la quatrième façade du Palais : mais deux misérables galeries de bois que le bon goût, le bon ordre et la sûreté publique commandent impérieusement de faire disparaître, ont été construites sur cet emplacement. Le temps est un grand maître, attendons tout de lui.

L'ÉGLISE SAINTE-GENEVIÈVE,

ou

LE PANTHÉON.

Les historiens, chose rare, sont à peu près d'accord sur l'origine de ce monument : la seule différence qui les divise ne consiste que dans un espace d'environ douze ans ; c'est-à-dire que les uns en assignent la fondation en 499, et les autres en 511. On ne peut révoquer en doute que Clovis a été baptisé dès la fin de 496, et, qu'à son exemple, la plus grande partie des Français ont embrassé le christianisme ; mais il n'existe aucune preuve que ce prince ait fait bâtir aucune église dans les dix années qui suivirent sa conversion. Il paraît même plus vraisemblable que ce ne fut qu'après l'éclatante victoire qu'il remporta sur Alaric II, roi des Visigohts, qu'il fit jeter les premiers fondemens de l'Eglise Sainte-Geneviève, qui, dans le principe, fut appelée, tantôt l'Eglise de Saint-Pierre, et tantôt la Basilique des Saints-Apôtres.

Cependant il serait impossible d'assurer que l'édifice élevé par ce prince et par Clotilde son épouse existait, lorsqu'en 857 les Normands, ayant débarqué dans la plaine de Paris, mirent le feu à cette Basilique, ainsi qu'à toutes les autres églises qui ne se rachetèrent pas à prix d'argent : peut-être avait-elle été, comme celle de Saint-Denis, reconstruite au huitième siècle. Quoi qu'il en soit, on voyait encore, en 1190, les murailles de l'édifice détruit par les barbares : quant aux changemens qu'elle éprouva dans la suite, ils laissèrent toujours des traces assez évidentes, pour qu'on pût reconnaître l'époque où ils avaient eu lieu.

Le temps, qui détruit tout, n'avait pas respecté l'Eglise Sainte-Geneviève, et ses ravages l'avaient même conduite à un état de ruine tel, que les fidèles ne pouvaient plus, sans danger, y assister à l'office divin. Il fallait la reconstruire entièrement, et, pour y parvenir, de grands secours étaient indispensables : pleins de confiance dans la munificence royale, l'abbé et les chanoines s'adressèrent à Louis XV, qui accueillit favorablement leur demande, et promit de subvenir à tous les frais qu'entraînerait une si grande entreprise. Le terrain que l'Eglise devait occuper fut béni par l'abbé, le 1er août 1758, et l'Eglise souterraine achevée en 1763 ; quant à l'Eglise supérieure, ses murs avaient déjà acquis une certaine hauteur, lorsque Louis XV fit la cérémonie d'y poser la première pierre.

Ce fut sur les dessins et sous la conduite de M. Souflot que l'on vit s'élever un édifice dont la grâce et la légèreté réunirent tous les suffrages : on se porta en foule pour contempler et pour admirer ce chef-d'œuvre ; et l'on peut dire, sans crainte d'être accusé d'exagération, que l'enthousiasme fut à son comble. En effet, lorsque la disparition totale des échafauds permit à ce bel ensemble d'architecture de se développer ; lorsque l'on vit s'élancer, au centre d'une croix grecque de trois cent quarante pieds de long, le péristile compris, sur deux cent cinquante de large, hors d'œuvre, un dôme de cent soixante-dix pieds de hauteur, sur soixante-deux pieds huit pouces de diamètre, intérieurement supporté par quatre piliers si légers qu'on apercevait à peine leurs massifs, au milieu du jeu de toutes les colonnes isolées qui soutenaient les quatre nefs de la croix ; lorsque l'on put suivre, dans tous ses détails, ce nouveau système de construction élégante, où des lunettes, évidées avec beaucoup d'art, donnent en quelque sorte à ces voûtes circulaires, opposées les unes aux autres, dans des sens différens, l'apparence de la délicatesse gothique, et produisent, par le passage et les oppositions de la lumière, les effets les plus agréables et les plus variés ; lorsque rien ne s'opposa à ce que l'œil se portât sur la voûte principale, sur les cent trente colonnes cannelées, d'ordre corinthien, qui supportent un entablement dont la frise est ornée de rinceaux, sur les tribunes défendues par des balustrades, sur les voûtes sphériques que décorent de beaux bas-reliefs, sur le péristyle composé de vingt-deux colonnes corinthiennes de cinquante-huit pieds de haut, et de cinq pieds et demi de diamètre ; il n'est personne qui ne criât au prodige, et qui n'élevât l'auteur de ce monument au-dessus de tous les architectes célèbres qui firent les beaux jours d'Athènes et de Rome. Mais, au moment où M. Soufflot allait jouir de toute sa gloire (le pavement en marbre, qui devait achever de donner à la Basilique de Sainte-Geneviève la richesse convenable, et détacher les lignes de ce plan magnifique, étant la seule opération à terminer), des fractures multipliées commencèrent à se manifester aux quatre piliers du dôme, ainsi qu'aux colonnes les plus voisines, et firent connaître, en jetant l'alarme, qu'une ruine prochaine menaçait ce superbe édifice. Il fallut, en conséquence, l'encombrer d'un nouvel échafaudage, et remettre la main à un ouvrage que l'on aurait pu croire achevé, et qui avait déjà coûté quinze millions, et quarante ans de travaux.

Après s'être assuré que les fondations n'avaient pas tassé, que l'Eglise souterraine, qui se trouve à dix-huit pieds au-dessous de la nef supérieure, ne courait aucun risque, et que le dôme et les trois coupoles dont il est couvert offraient le même état de solidité, on s'occupa de trouver les moyens de prévenir les accidens et l'accroissement du tassement, sans nuire à l'ordonnance de la décoration intérieure, c'est-à-dire, sans ajouter ni massifs, ni piliers, ni colonnes : un architecte, dont les talens s'étaient fait connaître de la manière la plus avantageuse, M. Rondelet fut chargé de cet important travail, et, au moyen de la suppression de douze colonnes sous le dôme, et de leur remplacement par des pilastres, il a réparé, le mieux qu'il était possible, le vice de construction première que M. Soufflot n'avait pas prévu : cependant on ne saurait nier que cette réparation indispensable a fait perdre à l'enceinte du dôme une partie de son étendue, et a considérablement gâté la richesse de son architecture ; mais il faut espérer, qu'avec le temps, l'art de la peinture et de la sculpture parviendra à couvrir cette tache, et rendra à l'ensemble de ce dôme l'élégance, dont l'absence dans cette partie est d'autant plus remarquable qu'elle contraste désagréablement avec la légèreté des nefs. Quoi qu'il en soit, l'Eglise Sainte-Geneviève n'en est pas moins un des plus beaux édifices du monde.

La crypte, ou chapelle souterraine, dans laquelle les reliques de S^{te}. Geneviève étaient jadis conservées, est devenue un vaste monument sépulcral qui mérite une description particulière. Cette chapelle occupe tout le dessous de la nef orientale : deux portes situées au chevet de l'Eglise, et une double rampe extérieure y conduisent. La voûte, surbaissée à dix-huit pieds de hauteur, est soutenue par vingt colonnes d'ordre toscan, et par les piliers nécessaires aux constructions supérieures. Une effrayante obscurité règne dans ce séjour de la mort : c'est là que se célébraient les dernières cérémonies de la religion sur les corps qui allaient ensuite, en traversant une large porte, entrer sous des voûtes ténébreuses, pour y attendre, dans le calme du repos et du silence, l'heure où la trompette du jugement devait les réveiller. Deux galeries, formant labyrinthe, sont placées sous le dôme : une chambre circulaire, de douze pieds de diamètre, contenant des tombeaux, se trouve au centre; toute la longueur des autres nefs est occupée par trois galeries. Enfin, six autres caveaux, une vaste salle et une galerie qui remplissent l'espace qui est au-dessous des escaliers des tribunes, des portes latérales du vestibule intérieur, du porche et de la rampe extérieure, sont destinés au même objet. Pendant la révolution, ce monument prit le nom de *Panthéon français*, et fut consacré à la sépulture des grands-hommes. Une inscription fastueuse, *aux grands-hommes la Patrie reconnaissante*, le décora. L'histoire nous apprend quels hommes y furent alors placés! Sous le dernier Gouvernement, qui rendit, le 20 février 1806, le Panthéon français au culte catholique, les dépouilles mortelles des maréchaux de France, des cardinaux, des ministres, des grands-officiers de la Légion-d'honneur et des sénateurs, y furent déposées.

LE LOUVRE.

Il en est du Louvre comme de tous les édifices de Paris dont l'origine se perd dans la nuit des temps. Les historiens ne s'accordent pas sur son étymologie. Suivant les uns, elle viendrait du nom propre d'un seigneur de Louvres, à qui aurait appartenu le terrain sur lequel cet édifice aurait été bâti. Selon les autres, des loups qui peuplaient la forêt voisine, le lui auraient donné. Si l'on ajoutait foi au dire de plusieurs antiquaires, cette étymologie dérivait d'un vieux mot français, *ouvre*, de façon qu'on aurait prononcé l'ouvre pour l'œuvre, l'ouvrage par excellence. Enfin, un petit nombre d'antiquaires prétendrait que la racine de ce nom se trouve dans le mot saxon *lower*, qui signifie château.

Mais, sans nous arrêter à la supposition d'une origine aussi ancienne, ni à celle qui l'attribue à des temps plus modernes, au règne de Philippe-Auguste, nous oserons assurer, d'après plusieurs actes authentiques, que l'existence du Louvre date de la seconde race, et, qu'à cette époque, cet édifice servait déjà de maison de plaisance aux rois de France. Il est vraisemblable qu'il ne fut pas respecté par les Normands et qu'ils le détruisirent ; mais il est constant qu'il fut relevé, ainsi que tous les édifices qui l'environnaient, dès les premiers temps de la domination des rois de la seconde race. Saint-Foix dit positivement qu'ils y tenaient des chiens, des chevaux, des piqueurs et des équipages de chasse, en ajoutant toutefois qu'ils ne faisaient qu'y passer et s'y rafraîchir, et qu'ils n'y ont jamais été à demeure.

Il ne faut qu'un peu de réflexion pour voir d'où est venue l'erreur qui fait regarder Philippe-Auguste comme le fondateur du Louvre. Cet édifice a été réparé et augmenté en 1214 par ce prince. C'est lui qui y a fait élever cette tour fameuse à laquelle les historiens ont donné les noms de *Tour-Neuve*, de *Forteresse-du-Louvre*, de *Tour-de-Paris*, de *Tour-Ferrand* et de *Grosse-Tour-du-Louvre*. La troisième et la quatrième de ces dénominations prouvent qu'il était en même temps une forteresse et une prison d'état : c'était là où les grands vassaux étaient tenus de venir rendre hommage; et, s'ils y manquaient, la prison n'était pas loin. Un grand nombre d'illustres personnages y ont été détenus, parmi lesquels on cite Ferrand comte de Flandre, qui y fut enfermé, après la fameuse bataille de Bouvine que Philippe-Auguste gagna sur l'empereur Othon, et sur ce comte son feudataire, qui s'était révolté contre lui. La joie des parisiens fut à son comble de voir l'humiliation de ce prince qui, lors de l'entrée triomphante de Philippe-Auguste dans Paris, parut chargé de chaînes sur un charriot tiré par quatre chevaux ferrans, c'est-à-dire, selon l'usage de ce temps-là, de couleur de fer. Aussi le peuple l'accompagna-t-il jusqu'à la porte de la Tour en lui chantant ces deux mauvais vers :

>Quatre ferrans bien ferrés
>Traînent Ferrand bien enferré !

Indépendamment de cette Tour, il y en avait quatre autres qui ont disparu. L'une d'elles était appelée, *la Tour de la Librairie*, parce qu'elle servit de dépôt à la bibliothèque de Charles V, bibliothèque qui n'était composée que de neuf cents volumes, mais qui n'en était pas moins riche pour un temps où l'imprimerie n'était pas encore découverte, et pour un prince à qui le roi Jean, son père, n'en avait laissé tout au plus qu'une vingtaine.

C'est vainement que l'on chercherait à découvrir, d'une manière certaine, les divers changemens qui se sont faits dans le Louvre, depuis Philippe-Auguste jusqu'à François 1er. Saint-Louis conçut, dit-on, le projet d'en augmenter les batimens ; mais les plus grands travaux de cet édifice n'ont été réellement entrepris que pendant le cours du quatorzième siècle, par les ordres de Charles V, et de Charles VI, son successeur. Ce fut alors que le Louvre se trouva enfin dans Paris, par l'enceinte que le premier de ces princes commença en 1367, et que le second acheva en 1383.

Jusqu'à Charles IX, les rois de France ne firent pas du Louvre leur demeure ordinaire; ils le réservèrent pour les monarques étrangers qui venaient les visiter. Mais lorsque Charles-Quint se rendit en 1539 à Paris, cet édifice était dans un tel état de ruine, que François Ier. fut obligé d'y faire faire des réparations considérables. Ce furent ces travaux qui lui inspirèrent l'idée de le faire entièrement abattre, et de construire à la place un Palais digne de recevoir des têtes couronnées. Pierre Lescot, seigneur de Clugny, l'un des plus grands architectes de son siècle, donna tous les plans, et ce fut sur ses dessins que ce Palais, qu'on a appelé ici le *Vieux Louvre*, afin de le distinguer des constructions qui ont été faites sous les règnes suivans, fut commencé.

Après François Ier., les guerres civiles qui déchirèrent si cruellement la France pendant plusieurs années, firent tomber, d'une manière si étrange, les beaux-arts en France, qu'il s'en fallut peu que la barbarie, qui avait précédé les règnes de Louis XII et de François Ier., ne reprît le dessus. En effet, cette barbarie se laisse apercevoir dans presque tous les édifices construits depuis le règne de Charles IX, jusqu'au milieu de celui de Louis XIII, où l'on songea à achever la belle façade qui est située à l'orient et opposée à la colonnade : un architecte, protégé par le cardinal de Richelieu, Jacques Le Mercier fut chargé de la direction de cet ouvrage. Il paraît que ce fut à la même époque, et toujours sous la direction de Le Mercier qu'on éleva l'autre partie de cette aile du Louvre où étaient autrefois l'Académie Française et celle des Belles-Lettres.

Mais ces travaux, quelque bien ordonnés qu'ils fussent, étaient loin de pouvoir donner au Louvre la noblesse et la majesté qui le rendent aujourd'hui le plus beau monument de l'Europe. Qu'on se figure des constructions aussi imparfaites qu'irrégulières auxquelles étaient attachés des débris gothiques de l'ancien château, des décombres, de misérables maisons, entassées, pour ainsi dire, les unes sur les autres, un jeu de paume, un hôtel et des baraques en bois à la place où est à présent la magnifique colonnade, et l'on n'aura qu'une faible idée du déplorable entourage de cette maison royale. Louis XIV en fut frappé; il voulut, et tout changea de face.

Ce prince, qui déploya dans tout ce qu'il fit un caractère de grandeur, ordonna que le Louvre fût achevé. L'architecte Levau fut chargé de s'occuper d'un plan : il le présenta, on le trouva mesquin, et pour la première fois on ouvrit un concours. Parmi les dessins qui furent exposés, celui d'un médecin, nommé Perrault, enleva tous les suffrages ; on l'adopta, et c'est, à quelques changemens près, celui qui a été exécuté. Il est vraisemblable que Perrault n'arriva que successivement à un plan général du Louvre et de sa réunion avec les Tuileries. Quant au projet de la colonnade, il paraît qu'il a été conçu isolément, et sans qu'on ait eu l'intention d'établir entre la cour et elle un rapport bien déterminé.

Ce fut le 17 octobre 1665, que les premières assises des constructions projetées par Bernin, et ordonnées par Louis XIV furent posées; plusieurs médailles d'or et d'argent enfermées dans une boîte de bronze, et une pierre creusée tout exprès furent placées dans ces assises. Les médailles portaient l'inscription suivante :

LOUIS XIV,

Roi de France et de Navarre,

« Après avoir dompté ses ennemis, donné la
» paix à l'Europe, et soulagé ses peuples, ré-
» solut de faire achever le royal bâtiment du
» Louvre, commencé par François Ier., et con-
» tinué par les rois suivans : il fit travailler quel-
» que temps sur le même plan ; mais depuis,
» ayant conçu un dessein et plus grand et plus
» magnifique, et dans lequel ce qui avait été
» bâti ne pût entrer que pour une petite partie,
» il fit poser ici les fondemens de ce superbe édi-
» fice, l'an de grâce 1665, le 17 du mois d'octobre.
» Maurice-Jean-Baptiste Colbert, ministre
» d'état et trésorier des ordres de sa Majesté,
» étant alors sur-intendant des finances. »

La façade connue sous le nom de la colonnade du Louvre, est composée d'un rez-de-chaussée, en manière de piédestal continu, dans le massif duquel on a ménagé un corridor qui porte un grand ordre de colonnes corinthiennes couplées avec des pilastres qui y répondent : cette superbe façade dont la longueur est de quatre-vingt-sept toises et demie, est divisée par trois corps en saillie qui se communiquent par deux péristyles ou portiques, à la manière des Grecs ; savoir : deux corps avancés aux extrémités, et un autre au milieu où se trouve la principale entrée.

Le corps avancé du milieu est orné de huit colonnes couplées et terminé par un grand fronton, dont la cimaise est formée de deux seules pierres qui ont chacune cinquante-quatre pieds de long, sur huit de large et huit pouces d'épaisseur seulement : elles furent tirées des carrières de Meudon, où elles ne faisaient qu'un seul bloc, que l'on coupa en deux par le moyen d'une scie d'une invention nouvelle. La machine à l'aide de laquelle on mit en place ces deux masses énormes, se trouve gravée dans les œuvres de Perrault.

Les belles colonnes corinthiennes cannelées qui se communiquent par le moyen d'un petit corridor ingénieusement pratiqué dans l'épaisseur du massif au-dessus de la grande porte ou ouverture du milieu, ont trois pieds sept pouces de diamètre et forment, de chaque côté, ces deux grands péristyles ou portiques de vingt-deux toises de longueur, sur douze pieds de largeur chacun, dont les plafonds soutenus par les architraves en poutres, sont d'une hardiesse et d'une beauté surprenantes. Les sculptures qu'on y a distribuées avec sagesse, et qui sont d'un choix convenable à l'ordre corinthien, ont été exécutées avec un soin extrême.

Les pierres de tout cet édifice sont appareillées avec tant d'art et de correction, qu'elles semblent ne faire qu'un seul et même corps.

Abandonné pour Versailles, par Louis XIII, Louis XIV et Louis XV, le Louvre était tombé dans un état de dégradation qui affligeait tout ceux qui se plaisaient encore à admirer les belles parties de cet édifice. Le dernier Gouvernement, jaloux de signaler toutes les époques glorieuses de son existence, crut avec raison qu'un des meilleurs moyens de parvenir à ce but, était d'employer les riches dépouilles que ses victoires lui avaient procurées, à achever un monument commencé et continué par tant de monarques. En conséquence une somme de cinquante millions fut destinée à l'accomplissement de ce grand projet qui a reçu enfin son exécution : aujourd'hui ce Palais ne laisse plus rien à désirer. Entièrement dégagé de toutes les constructions qui en interceptaient la vue, et lui faisaient perdre sa majesté, il offre, par le soin qu'on a pris de le regratter, l'apparence d'un édifice nouvellement élevé. Non-seulement on peut jouir de son magnifique ensemble, mais toutes les belles sculptures qui le décorent tant extérieurement que dans l'intérieur de la cour, peuvent être aperçues et examinées jusque dans leurs plus petits détails. Une balustrade qui règne sur toute la partie nouvelle et qui vient se raccorder avec la partie au-dessus, le couronne de la manière la plus noble et la plus élégante.

Parmi les événemens qui se sont passés au Louvre, voici les plus remarquables :

Le festin nuptial qui y fut donné en 1572, à l'occasion du mariage de Henri de Bourbon, Roi de Navarre, depuis Roi de France, et de Marguerite de France, fille de Henri II, et sœur de Charles IX ; et l'exécrable plan qui y fut adopté, à la même époque, de faire la Saint-Barthélemi.

En 1591, les plus séditieux des quartiniers de Paris, Louchard, Ameline, Aimonnot et Heuroux, y furent pendus dans la basse salle, par ordre du duc de Mayenne, pour avoir fait mourir injustement Brisson, premier président du Parlement de Paris.

En 1617, le lundi 17 avril, Conchini y fut tué à coups de pistolet, sur un des poteaux du Pont-levis.

Le Palais du Louvre est décoré tant extérieurement qu'intérieurement de très-beaux morceaux de sculptures ; voici les noms de ceux qui sont le plus dignes de remarque :

SUR LE FRONTON DU CÔTÉ DE LA RIVIÈRE.
QUATRE BAS-RELIEFS.

Deux Muses portant les attributs des Sciences et

des Arts, et soutenant les armoiries de la France, par FORTIN.

SUR LE FRONTON DU CÔTÉ DE LA RUE DU COQ.

Un trophée d'armes, par MONTPEILLERS.

DANS L'INTÉRIEUR DE LA COUR, CÔTÉ DU NORD.

Minerve encourageant les Sciences, par LESUEUR.

DANS L'INTÉRIEUR DE LA COUR, CÔTÉ DU MIDI.

Le Génie de la France remplaçant les travaux guerriers par les soins de la législation, de la marine et du commerce, par RAMEY.

SUR LE FRONTON DE LA FAÇADE ADOSSÉE A LA COLONNADE.

Les armes de France soutenues par des figures allégoriques.

SUR LE PAVILLON ÉLEVÉ SUR LA PORTE DU VIEUX LOUVRE, CÔTÉ DE LA COUR.

Huit cariatides gigantesques, par SARRAZIN.

SUR LES FRONTONS DES PETITS AVANT-CORPS DE GAUCHE.

La Piété, par P. PONCE.
La Victoire, par le même.
La Justice, par le même.
La Renommée, par le même.
La Force, par le même.

SUR CEUX DE DROITE.

LA LÉGISLATION.

DANS L'ATTIQUE AU-DESSOUS.

Moïse, Numa, Isis et Manco-Capac.

SUR CELUI DU MILIEU.

La Victoire et l'Abondance, par ROLLAND.

(78)

Dans l'attique au-dessous.

La Force, la Sagesse, le Nil et le Danube.

Sur celui de l'angle.

La Poésie héroïque, par Chaudet.

Dans l'attique au-dessous.

Homère, Virgile, deux Génies.

Sur la façade intérieure, côté du nord.

Deux bas-reliefs des frontons construits sous Charles IX.

Dans la galerie, nommée salle des Français.

Dix statues en marbre.

Le grand Condé, par Rolland.
Turenne, par Pajou.
Tourville, par Houdon.
Duquesne, par Monnot.
Luxembourg, par Mouchi.
Vauban, par Bridan.
Dugommier, par Chaudet.
Custine, par Moitte.
Catinat, par Déoux.
Caffarelli, par Masson.

Sur les pignons au-dessus des deux portes.

Des bas-reliefs, par Petitot.
Une statue de la Victoire.

Sur les lunettes des voûtes de l'escalier de droite, conduisant aux appartemens d'habitation.

Huit bas-reliefs.

Vulcain, par Dumont.
Une Renommée, par le même.
Neptune, par Bridau.
Cérès, par le même.
Jupiter, par Chardini.
Junon, par le même.
La Fortune, par le même.
Une Femme, par le même.

AU HAUT DE CET ESCALIER.

Aristée, par Bosio.

SUR LES LUNETTES DES VOUTES DE L'ESCALIER DE GAUCHE CONDUISANT AUX APPARTEMENS D'APPARATS.

HUIT BAS-RELIEFS.

La Justice, par GÉRARD.
La Force, par le même.
Un Guerrier, par CALLAMART.
Un autre Guerrier, par le même.
L'Agriculture, par TAUNAY.
Le Commerce, par le même.
Le Génie des Sciences, par FORTIN.
Le Génie des Arts, par le même.

AU HAUT DE CET ESCALIER.

Ajax, par DUPATY.

DANS LA GALERIE DES MARÉCHAUX.

La statue en plâtre de Henri IV.

LA COLONNE

DE LA PLACE VENDOME.

Avant d'entrer dans les détails de cette magnifique colonne, nous croyons nécessaire d'en donner quelques-uns sur l'emplacement, et l'époque où elle a été élevée. L'hôtel de Vendôme, bâti par les soins d'Henri IV, pour César de Vendôme, légitimé de France, occupait autrefois, dans ce quartier, un espace de dix-huit arpens. Louis XIV, ayant acheté cet hôtel avec tout ce qui en dépendait, pour le prix de 600,000 livres, fit renverser, au mois d'août 1687, tous les bâtimens qui le composaient, et bâtir sur le même terrain, une suite de façades régulières qui ont subsisté jusqu'en 1699. Elles formaient une place publique qui, si l'on n'eût rien changé au premier plan, aurait été indubitablement une des plus grandes et des plus belles de l'Europe. Elle était presque carrée, n'avait que trois lignes de bâtimens, le côté de la rue Saint-Honoré devant rester entièrement ouvert. Sa largeur était de soixante-huit toises, et sa profondeur de quatre-vingt-six. Les façades de ces édifices, qui formaient une longue suite d'arcades de réfends servant de stylobate ou de piédestal continu à un grand ordre ionique en pilastres qui régnait partout, et qui portait un grand entablement dont tout l'édifice était couronné, offraient un ensemble plein de noblesse et de majesté. Les croisées, distribuées entre les pilastres, étaient décorées de bandeaux et alternativement couronnées de frontons angulaires et sphériques. Au fond de la place s'élevait un grand arc ouvert, soutenu de deux grands avant-corps, formé chacun de deux colonnes isolées, du même ordre que les pilastres. Des niches destinées à renfermer des statues avaient été ménagées dans les espaces qui se trouvaient entre ces colonnes. Enfin un large corridor en portique régnait partout au rez-de-chaussée, à la faveur duquel on aurait pu aller à couvert tout autour de la place, et dans lequel toutes les maisons devaient avoir leurs entrées principales. La Bibliothèque du Roi, toutes les Académies royales, un grand hôtel pour les ambassadeurs extraordinaires, et un autre pour la monnaie auraient aussi fait partie des bâtimens.

Au grand étonnement de tout le monde, ce plan fut renversé, et le terrain de cette superbe place, toutes les façades des maisons déjà élevées jusqu'aux combles, ainsi que tous les matériaux déjà rassemblés, furent donnés par le Roi à la ville de Paris, le 7 avril 1699, sous la condition qu'elle ferait construire, au même endroit, une nouvelle place, d'après un nouveau plan, et qu'elle se chargerait en outre de faire bâtir, à ses frais, au faubourg Saint-Antoine, un hôtel pour la seconde compagnie des Mousquetaires.

L'étendue de la nouvelle place n'est pas aussi grande que celle qu'on avait projeté de lui donner dans le premier plan. Les façades des édifices y ont été rapprochées de dix toises en tous sens vers le centre. L'ouverture qu'elle devait avoir sur la rue Saint-Honoré a été fermée, et on n'y a laissé qu'une entrée d'une largeur convenable. On a pratiqué la même chose au côté opposé, et les angles de son carré ont été fermés en pans coupés. Ainsi, cette place, qui sans cela présenterait la figure d'un carré parfait, a celle d'un octogone imparfait, quatre de ses faces se trouvant plus petites que les autres. Telle qu'elle est, elle peut cependant contenir dix mille hommes sous les armes.

Sa décoration extérieure est uniforme. Il y règne tout autour un grand ordre corinthien en pilastres, et le milieu tant des pans coupés, que des deux façades latérales, est formé par des corps avancés revêtus de colonnes, et portant des frontons dans les timpans desquels on plaça les armes de France. Des figures assises furent posées sur ces frontons.

Les corps avancés des deux grandes façades ont plus de saillie que ceux des pans coupés ; ce qui a mis dans la nécessité d'y ajouter des colonnes dans les encoignures. Mais ces colonnes se trouvent tellement engagées dans le mur, qu'il en paraît tout au plus une quatrième partie ; ce qui, il faut en convenir, ne produit pas un effet merveilleux. Il règne partout sous ce grand ordre un piédestal continu, orné de refends et arcades feintes, dont quelques-unes sont ouvertes et servent de portes aux maisons. Elles sont en plein cintre, et les clefs de ces arcades sont couvertes de très-beaux mascarons.

Les chapitaux et les ornemens de sculpture qui décorent ce grand ouvrage, sont d'une exécution agréable. Il en est de même des bandeaux des fenêtres ; la proportion qui leur a été donnée plaît à l'œil. Les façades extérieures de la place ont été élevées sur les dessins de Jules Hardouin Mansard, sur-intendant des bâtimens ; les ornemens sont de Poultier, sculpteur de l'Académie.

C'est au milieu de cette enceinte qu'était, avant la révolution, la statue équestre de Louis XIV. Elle avait vingt et un pieds de hauteur, et fut fondue d'un seul jet, le premier décembre 1692. Mais ce ne fut que sept ans et quelques mois après le 13 août 1699 qu'elle fut posée avec la plus grande pompe, sur un piédestal de marbre blanc, de trente pieds de haut, sur vingt-quatre de long et treize de large, orné de cartels, de bas-reliefs et de bronzes dorés. Des inscriptions latines, relatives aux grandes actions de Louis XIV, étaient sur ses quatre faces. La reconnaissance des Parisiens, pour les bienfaits dont ce Monarque les avait comblés, y était particulièrement et délicatement exprimée.

Le Roi était représenté, dans ce monument, en habit à l'antique, sans selle et sans étrier. La statue était de Girardon.

Une colonne triomphale, érigée à la gloire des Armées Françaises, a succédé à la statue équestre de Louis XIV. La première pierre de ce monument a été posée le 15 août 1806, et trois ans après, il a été terminé. Sa hauteur est de deux cent trente-trois pieds, et son diamètre de vingt-deux; son fut est entièrement revêtu de bas-reliefs en bronze qui retracent, dans un ordre chronologique, les actions les plus mémorables de la campagne de 1805. Une jarretière spirale portant l'inscription de chacune de ces actions, sépare chaque rang de bas-reliefs. Sur le tailloir du chapiteau règne une galerie à laquelle on parvient par un escalier ménagé dans l'intérieur de la colonne. Un petit dôme, sur lequel flotte un drapeau blanc depuis le retour de Louis XVIII, termine ce monument.

La hauteur du piédestal, qui est entièrement couvert de bas-reliefs composés de trophées d'armes de toute espèce, est de vingt-deux pieds; sa largeur est de dix-sept à vingt; à chacun de ses angles et au-dessus de la corniche est un aigle qui soutient une couronne de laurier.

Ce monument a été dirigé, pour l'architecture, par MM. Lepire et Gondouin ; pour la sculpture, par M. Denon ; pour le dessin des bas reliefs, par M. Bergeret ; pour la fonte, par M. Delaunoy, et pour la ciselure par M. Raymond.

HOTEL ROYAL DES INVALIDES.

C'est dans ce vaste et superbe édifice, si digne de la piété et de la reconnaissance d'un grand Roi, qu'après avoir versé leur sang pour la patrie, et consumé leurs plus belles années à la servir, les militaires trouvent une retraite honorable. C'est-là que, dans un superbe édifice, ils reçoivent chaque jour tout ce qui leur est nécessaire pour les besoins de la vie ; et que, dégagés ainsi de tous les soins temporels, ils passent une vieillesse heureuse et tranquille dans les exercices de la piété.

Ce fut l'année 1671, au plus fort de la guerre, et dans des circonstances critiques, que furent jetés, par ordre de Louis XIV, les premiers fondemens de ce grand édifice. Dès 1674, il était déjà si avancé, que des soldats purent y trouver un asile. En 1679, il fut entièrement terminé. Cependant ce ne fut que trente ans après, que l'église se trouva achevée, quoiqu'elle eût été commencée à la même époque. Le cardinal de Noailles, archevêque de Paris, en fit la dédicace en 1706, sous le titre et invocation de Saint Louis.

Le bâtiment des Invalides forme un carré régulier qui occupe un espace de dix-huit mille sept cent quarante-quatre toises de surface. On y voit cinq cours principales, dont quatre sont de forme carrée : quant à celle du milieu, qui est environ quatre fois plus grande que les autres, sa forme est oblongue ; les bâtimens dont elle est enfermée sont d'une ordonnance plus élégante et plus agréable que celle des quatre autres ; elle est entourée, tant au rez-de-chaussée qu'au premier étage, de portiques ouverts en arcades qui forment des corridors ou galeries fort étroites, à la faveur desquelles on peut aller à couvert tout autour. Deux églises, dont l'une est spécialement destinée aux personnes de la maison, sont élevées sur le surplus de la profondeur de l'enceinte. De chaque côté, des jardins et de vastes terrains, clos de murs, complètent l'ensemble de ce magnifique établissement.

C'est dans le fond de la cour, vis-à-vis la principale entrée, qu'est la porte de l'église intérieure. Cet édifice se distingue des autres par un ordre d'architecture de huit colonnes chacun : un ionique, dont les volutes sont formées par des cornes de béliers ; et l'autre, composé d'une nouvelle invention, auquel on a donné le nom d'*ordre français*. Il est terminé par un fronton. C'est par-là, qu'après avoir traversé un grand vestibule, les gens de la maison entrent dans la nef, qui est décorée d'un ordre corinthien en pilastres très-bien exécuté, avec des bas-côtés et des galeries au-dessus de chaque côté : ces galeries sont voûtées, ainsi que le reste de l'édifice. La longueur de la nef est de trente-deux toises.

Quant à la nouvelle église dite *le Dôme*, à laquelle on a travaillé, à plusieurs reprises, pendant plus de trente ans, c'est un des édifices le plus magnifiques et le plus réguliers de Paris: sa principale entrée est du côté de la campagne; de superbes avenues y conduisent. Le portail a trente toises de largeur sur seize de hauteur; il est élevé sur un perron de plusieurs marches, et décoré d'un grand ordre dorique avec un ordre corinthien au-dessus, embellis, l'un et l'autre, de tous les ornemens qu'on a pu imaginer : ils ont été exécutés par les plus grands maîtres.

La figure extérieure de tout l'édifice est un carré parfait, au milieu duquel s'élève le dôme. Un ordre composite, dont les colonnes sont appuyées sur huit massifs, ou piliers butans, irrégulièrement distribués, et entre lesquels sont douze fenêtres, ornées de leurs barreaux, forme le pourtour extérieur de cette vaste construction : les fenêtres, qui se trouvent entre les quarante colonnes de cet ordre composite, sont enrichies de chambranles et de couronnemens: au-dessus de ce même ordre, s'élève un attique qui a également douze fenêtres cintrées en plein cintre. Les fenêtres de l'attique, qui ne fournissent aucune lumière pour le dedans, sont ornées de festons attachés en consoles, qui pendent de côté et d'autre sur les côtés de ces fenêtres : une balustrade règne tout autour sur l'ordre composite; la dernière corniche, qui est celle de l'attique, est chargée de douze grands candelabres enflammés qui produisent un effet admirable.

Le comble en calotte, dont tout l'édifice est couronné, est aussi riche que le reste; il est entièrement couvert de plomb, orné de douze grandes côtes qui s'élèvent jusqu'au sommet, et sont appuyées sur des bandes de même largeur : les intervalles qui se trouvent entre ces côtes, qui répondent aux corps massifs et aux consoles de dessous, sont remplis par des trophées d'armes, des guirlandes et des pentes de fleurs en relief (1). Une corniche en gorge, espacée au droit des côtes des mutules, et servant d'empâtement à la lanterne qui termine l'amortissement de cette belle machine, termine la calotte.

La lanterne, entourée d'une balustrade de fer, est ornée de douze colonnes couvertes de plomb, groupées trois à trois, et entre lesquelles il y a quatre ouvertures cintrées par le haut : des statues, représentant les Vertus, mais qui, vu l'extrême élévation où elles sont placées, ne peuvent pas être bien distinguées d'en bas, reposent sur les colonnes les plus saillantes. Enfin, on a élevé une espèce d'obélisque cannelé qui soutient une grosse boule de cuivre doré-bruni, surmontée par une

---

(1) Les côtes, les trophées d'armes, la boule et la croix ont été redorés il y a quelques années.

croix aussi dorée qui termine cet édifice, dont la hauteur, depuis le rez-de-chaussée jusqu'à l'extrémité de la croix, est d'environ de cinquante toises.

Mais c'est surtout dans l'intérieur de cette église que Louis XIV voulut que la plus grande magnificence fût déployée : on eut recours aux plus habiles artistes, et des ordres exprès furent donnés pour qu'on pourvût à toutes les dépenses nécessaires : aussi n'a-t-on rien laissé à désirer, ni sous le rapport de l'art, ni sous celui de la richesse; et l'embarras des étrangers, qui visitent ce superbe monument, est extrême, tant il leur est difficile de savoir ce qu'ils doivent le plus admirer, ou la blancheur de la pierre, ou le fini précieux de la sculpture, ou les peintures du dôme, ou les beaux marbres sur lesquels ils craignent de poser leurs pieds, ou le magnifique baldaquin qui surmonte l'autel (1).

---

(1) Ce baldaquin est soutenu de six grosses colonnes torses, sans piédestaux, groupées trois à trois, entourées de pampres, d'épis de blé, et de feuillages de différentes espèces. Elles soutiennent sur leur entablement quatre faisceaux de palmes qui s'élèvent et se raccordent ensemble pour porter le baldaquin garni de campanes, sous lequel est la suspension. Tout ce riche ouvrage est terminé par un globe surmonté d'une croix qui en fait l'amortissement. Plusieurs groupes d'anges et de génies sur des acrotères et des enroulemens particuliers remplissent les espaces que les faisceaux de palmes laissent vides.

Cet autel, si richement doré et fait avec tant de soin, n'est qu'un modèle en menuiserie de ce qui devait être exécuté en bronze d'or moulu.

On ne peut mieux comparer la figure intérieure de l'église qu'à celle d'une croix grecque, au centre de laquelle s'élève le dôme, accompagné de quatre chapelles rondes, et de deux autres aux extrémités de la traverse, terminées en demi-cercle.

L'ordre corinthien, en pilastres rudentés de trente-un pieds de hauteur, règne également partout; il est enrichi d'ornemens où le goût est uni à la richesse, et, pour en compléter la décoration, on a ajouté deux colonnes isolées aux côtés de la porte principale, et huit autres de même, disposées deux à deux, afin de former quatre corps avancés sur les pendentifs (1), vis-à-vis des pilastres écrasés des pans coupés du dôme, entre lesquels sont des entrées pour les chapelles.

La partie supérieure du dôme est circulaire, et son diamètre, mesuré au rez-de-chaussée, est de douze toises et demie : son intérieur est éclairé par douze fenêtres qui sont ornées de bandeaux et de sculptures, séparées en dedans par des trumeaux, sur lesquels il y a vingt-quatre pilastres couplés d'ordre composite qui portent un riche entablement; ils sont posés sur un stylobate, ou piédestal continu, qui règne dans tout le pourtour du dôme.

La première voûte, qui a une ouverture circu-

---

(1) Terme d'architecture qui se dit du corps d'une voûte qui est suspendue hors du perpendicule des murs.

laire de cinquante pieds de diamètre, est distribuée en douze grands espaces, dans lesquels Jean Jouvenet a peint les douze Apôtres à fresque, désignés chacun par les instrumens de leur matyre : ces belles peintures sont séparées les unes des autres par des montans courbés, ornés de ronces, ou de têtes de clous, dans le goût antique ; le tout richement doré.

Sur la seconde voûte, qui s'offre à la vue par l'ouverture circulaire de la première, Charles de la Fosse a représenté une Gloire d'après l'idée qu'en donne l'Ecriture-Sainte. Une multitude infinie de Saints et de Bienheureux sont en adoration : Saint Louis, revêtu de ses habits royaux, est dans la partie inférieure ; il est à genoux, offrant son épée et ses armes à la Sainte-Trinité, de laquelle jaillit une grande lumière qui se communique aux parties les plus éloignées.

Le dais était couvert d'une large bande ornée d'une infinité de fleurs de lis sculptées, et sur cette bande étaient les portraits en médaillon des rois de France, les plus fameux dans l'histoire. Voici leurs noms, selon l'ordre qui y était observé :

Clovis, premier roi chrétien.
Dagobert.
Childebert.
Charlemagne.
Louis-le-Débonnaire.
Charles-le-Chauve.

Philippe-Auguste.
Saint-Louis.
Louis XII, Père du peuple.
Henri IV.
Louis XIII.
Louis XIV, fondateur.

La grande corniche, qui règne sous cette partie, est ornée de consoles, de mutules et de divers autres ornemens, qui produisent l'effet le plus agréable.

Sur les pendentifs en panaches, entre les arcs doubleaux qui portent toute la masse du dôme, sont les quatre Évangélistes peints par le même de la Fosse. Les bordures dans lesquelles ces peintures sont enchâssées, sont embellies de feuillages très-richement dorés.

Sur les principales entrées des quatre chapelles qui accompagnent le dôme, on a représenté dans huit bas-reliefs, exécutés par différens sculpteurs, plusieurs événemens de la vie de Saint Louis. Les arcs des grandes voûtes et les passages qui conduisent à ces chapelles sont également enrichis de très-belles sculptures.

C'est dans un sanctuaire de neuf toises de longueur sur six de largeur et douze de hauteur, jusque sous la clef de la voûte, qu'est élevé le grand-autel : la manière dont cet autel est placé, entre le dôme et l'église, produit un effet magique et extraordinaire.

Un grand morceau de peinture où le mystère de la Sainte-Trinité est représenté, décore la voûte du sanctuaire du dôme. Quant à l'espace qui restait de la même voûte, du côté de la vieille église, il a été rempli par une Assomption de la Sainte-Vierge soutenue et accompagnée de plusieurs Anges qui la portent dans la Gloire. Toutes ces peintures, qui sont de Noël-Coypel, sont enfermées dans des bordures de forme différente. Enfin, pour ne rien laisser de vide dans tout le sanctuaire, on a encore peint des concerts d'Anges dans les trompes des deux fenêtres qui se trouvent de chaque côté : celui de l'occident est de Boulongne, l'aîné; l'autre, qui lui est opposé, est de Louis Boulongne, son frère.

Les deux chapelles situées aux extrémités de la croisée sont dédiées, l'une à la Sainte-Vierge, et l'autre à Sainte Thérèse. Les figures sont de marbre. Elles sont parfaitement dessinées, ainsi que les Anges de métal doré, placés de chaque côté, en adoration, sur des piédestaux. Les deux autels sur lesquels sont posées les deux principales figures, ont des contretables avec des bas-reliefs de leur largeur, aussi de métal doré ; la figure de la Vierge et le bas-relief du contre-table sont de Corneille Vanclève. Celles de la même proportion à l'autel de Sainte Thérèse, sont de Philippe Magnier.

Les quatre autres chapelles qui remplissent les angles du carré de tout l'édifice, entre les bras de la croix grecque, sont sous le titre des quatre pères de l'Église latine. Elles sont en coupole de figure ronde, décorées de huit colonnes corinthiennes, avec des pilastres derrière, dans lesquels elles sont si engagées, qu'on n'en aperçoit que les extrémités. Ces colonnes sont sur des piédestaux que l'on s'accorde à trouver trop exhaussés. Des niches pour des figures de Saints qui ont du rapport aux Patrons à qui ces riches chapelles sont dédiées, sont disposées entre les espaces que les colonnes laissent entre elles. L'intérieur et les voûtes en calottes sont chargés d'une infinité d'ornemens. Une saine critique pourrait en condamner la profusion, ainsi que celle de la dorure qui y a été répandue.

Les peintures des chapelles de Saint Jérôme et de Saint Ambroise, sont de Boulongne l'aîné; celle de Saint Augustin, de Boulongne le jeune; celle de Saint Grégoire, de Michel-Corneille.

On entre dans chacune de ces chapelles, qui ont environ douze toises d'élévation jusqu'à la clef, et la moitié pour leur diamètre, par trois ouvertures différentes. Rien n'égale la correction de l'invention du dessin, et de l'exécution des ornemens de peinture et de sculpture qui les décorent. Leurs voûtes sont divisées en six grands cartouches ornés de bordures très-riches. L'apothéose du Saint dont la vie a été traitée dans les six tableaux placés au-dessus, est représenté dans la calotte de chacune d'elles.

Toutes les peintures qui se voient dans cette Église sont à fresque.

Mais au milieu de tant de merveilles des arts qu'on ne se lasse pas d'admirer, il est un monument devant lequel on ne peut pas s'arrêter, sans être, à l'instant même, pénétré d'un profond respect: c'est le tombeau de Turenne. Il est représenté expirant entre les mains de la Victoire: aux deux côtés, la Sagesse et la Valeur, sous les traits de deux femmes consternées, déplorent la perte de ce grand-homme. Vis-à-vis repose le maréchal de Vauban.

Le premier corps de bâtiment qui se présente à la vue, du côté de la rivière, est précédé d'une avant-cour fermée d'une grille et entourée de fossés; la façade de ce bâtiment qui présente trois avant-corps, et dont celui du milieu est décoré de pilastres ioniques, surmontés d'un grand arc dans lequel on voit un bas-relief représentant la statue équestre de Louis XIV, par Cartellier, accompagnée de la Justice et de la Prudence, a cent deux toises de longueur. Cette façade est composée de trois étages de croisées au-dessus du rez-de-chaussée, dont les ouvertures sont en arcades. Les statues de Mars et de Minerve sont aux deux côtés de la porte; elles sont, ainsi que les deux figures du bas-relief, de Coustou le jeune; une vaste esplanade, bordée d'agréables allées, et au milieu de laquelle s'élève une belle fontaine, annoncent, de la manière la plus noble, le vénérable séjour des vertus militaires.

Une bibliothèque composée de vingt mille volumes, offre aux braves une récréation instructive ; elle est ouverte tous les jours ouvrables au public, depuis neuf heures du matin jusqu'à trois.

COSTUMES

DU

CINQUIÈME SIÈCLE.

Les Francs, peuple sauvage, dûrent nécessairement porter dans leur costume la rigidité de mœurs qui les caractérisait. Accoutumés à vivre dans des cabanes de bois et d'argile, ou sous la tente, le luxe leur fut absolument étranger. Divisés en quatre classes distinctes, les nobles, les libres, les affranchis et les serfs, leurs ducs, leurs rois et quelques membres de leur plus ancienne noblesse furent les seuls dont l'habillement eut l'apparence de la représentation. Celui que l'on voit dans la planche ci-contre est vêtu en guerrier. Une couronne orne sa tête, et fait voir que l'autorité souveraine réside en sa personne. La couronne dentelée, qui entoure son casque surmonté d'une lance, fut vraisemblablement particulière aux monarques de cette nation, puisqu'on ne la retrouve plus chez les Rois de France de la première ni de la seconde race. Une longue barbe pend au bas de son visage, et ombrage ses épaules, sur lesquelles une espèce de chlamide est attachée. Ses bras sont nus. Sa main droite tient une lance ou hallebarde ap-

pelée *framée*, et sa gauche repose sur un bouclier où se trouvent trois fers de pique, d'où l'on prétend que les fleurs de lis ont tiré leur origine. Ses cuisses, dont la partie supérieure est couverte d'une peau de bête, sont également nues. Des laçures, semblables à celles que portaient les Grecs, entrelacent ses jambes et montent jusqu'au-dessus de ses genoux.

Aucun art ne se fait remarquer dans la toilette de la femme qui l'accompagne ; la nature seule en a fait les frais. Ses cheveux applatis sur sa tête tombent en tresses sur ses épaules. Une tunique, qui couvre entièrement sa poitrine et qu'une ceinture joint au corps, au-dessous de la gorge, descend jusqu'à ses pieds. Un long manteau cache sa taille par derrière. Ses bras sont nus, et sa main droite tient une lance, ce qui fait supposer qu'à cette époque les femmes suivaient leurs maris à la guerre, et se faisaient un devoir de partager leurs dangers et leur gloire. Que de changemens quatorze siècles ont apportés dans les mœurs des dames françaises ! Aujourd'hui elles se bornent à faire des vœux pour leurs chers époux, lorsqu'ils vont moissonner des lauriers, et toute leur gloire consiste à éclipser leurs rivales, par le luxe, l'éclat et la nouveauté de leur parure.

COSTUMES

DU

SIXIÈME SIÈCLE.

LE costume des français se ressentit de leur établissement dans les Gaules. Quittant insensiblement les vêtemens qui les couvraient, ils adoptèrent ceux des peuples qu'ils avaient vaincus, et qui, s'étant trouvés sous la domination des romains avaient pris eux-mêmes les modes de leurs vainqueurs. Il s'ensuivit une bigarrure qu'il sera facile de remarquer dans la planche du sixième siècle. La couronne n'est plus qu'une espèce de toque ornée de pierreries. La barbe est longue et les cheveux sont flottans. Une tunique qui descend jusqu'aux pieds s'unit au corps par une ceinture que l'on pouvait rendre plus ou moins riche, en raison de sa fortune. Un grand manteau, ouvert sur le devant, et assujéti par une fraise enrichie de pierreries, couvre tout le corps. Un épée pend au côté droit; les souliers sont attachés aux pieds par une longue courroie qui s'entrelace autour de la jambe, et monte, de cette manière, jusqu'au haut de la cuisse où elle est arrêtée.

On voit par la figure de la femme, que l'espace

d'un siècle a suffi pour que la recherche et l'élégance de la toilette aient fait de sensibles progrès. Les cheveux ondulés sur la tête accompagnent une couronne finement dentelée. La tunique n'a plus la simplicité qu'on a vue dans la figure de la première planche. Ici elle est gauffrée et surmontée d'une large fraise ornée de pierreries. Les bras sont couverts jusqu'au poignet. La ceinture, qui est aussi d'une richesse extrême, dessine mieux la taille. Le manteau beaucoup plus ample donne de la grâce et de la majesté. Enfin, le petit sac ou *escarcelle* qui servait à mettre les pièces de monnaie destinées aux aumônes, et qui pend au côté gauche de la ceinture, prouve qu'on n'avait rien négligé de ce qui pouvait ajouter aux charmes d'une parure où le bon goût commence à se développer.

COSTUMES

DES

SEPTIÈME ET HUITIÈME SIÈCLES.

Les changemens qui se sont opérés dans les costumes du sixième et du septième siècle ont été peu sensibles, surtout parmi les hommes. Ceux-ci continuèrent à porter un grand manteau, et une longue tunique qui descendait jusqu'aux pieds. La seule différence qu'on remarque, c'est que les deux parties de leurs vêtemens sont ici enrichies de broderies. Quant au manteau, il est évident que sa forme n'est pas la même que celle qui était en usage dans le siècle précédent, où il était ouvert par devant, comme ceux qu'on portait assez généralement il y a quelques années. Dans la planche du septième siècle, on le voit attaché sur l'épaule droite avec une agraffe en pierreries, laissant le bras gauche entièrement découvert. Les longs cheveux et la barbe sont encore à la mode. La couronne paraît plus élégante et plus riche. Le chaussure présente seule une particularité remarquable, les souliers étant faits de manière que le dessus du pied est tout découvert.

Le costume de la femme offre plus de variété. Un voile, placé sous la couronne, accompagne de chaque côté la figure, et se cache sur la poi-

trine, au moyen d'une espèce de fraise plate qui va s'attacher derrière les deux épaules. Une grande tunique, brodée dans le bas, forme le vêtement de dessous, tandis qu'une seconde qui ne tombe qu'à mi-jambe compose celui de dessus. Les manches de cette dernière sont extrêmement larges. Une longue ceinture enrichie de pierreries la tient attachée au corps.

COSTUMES

DES

NEUVIÈME ET DIXIÈME SIÈCLES.

La dignité d'empereur dont les premiers Rois de France de la seconde race furent revêtus, les mit incontestablement dans la nécessité d'ajouter à la richesse et à la magnificence de leurs vêtemens. Aussi voyons-nous la tête du Souverain représenté dans cette planche, ornée d'une éclatante couronne au-dessus de laquelle s'élèvent deux branches de laurier. Une tunique richement brodée le couvre depuis le dessus des épaules jusqu'aux pieds. Une chlamide de pourpre est attachée sur son épaule droite; sa main gauche repose sur une longue épée suspendue à une ceinture; sa droite tient une haste. La mode des laçures étant revenue, ses jambes en sont entrelacées.

La figure de la femme nous offre celle d'une impératrice dans un jour de grande représentation: une couronne brillante couvre entièrement sa tête, de laquelle pendent, de chaque côté, deux grandes tresses de cheveux qui tombent jusqu'à ses genoux; une robe, dont l'ampleur est considérable, lui sert de premier vêtement; une tunique, qui ne descend qu'à la moitié de la jambe, est

posée sur la robe. Élégamment brodée dans le bas, cette tunique est cachée, à la hauteur de la poitrine, par une fraise plate enrichie de pierreries, et serrée au corps par une ceinture sur laquelle brillent les mêmes ornemens ; un grand manteau, à longue queue, termine ce superbe costume et lui imprime le caractère de majesté qui convient au rang suprême.

COSTUMES

DU

ONZIÈME SIÈCLE.

Les deux figures de femme que l'on voit dans cette planche, nous représentent les dames sous le simple costume qu'elles portaient dans le cours ordinaire de leur vie. La tête de celle qui a une couronne, annonce assez que le personnage dont on a voulu transmettre le souvenir, est Constance, femme du roi Robert : cette princesse d'une beauté accomplie, mais dont le caractère était fier, capricieux et surtout très-opiniâtre, fut inconstante dans ses goûts, et changea souvent l'ordonnance de sa toilette ; ses vêtemens ont quelque ressemblance avec ceux des religieuses ; sa longue tunique est entièrement flottante, et le manteau attaché sur sa poitrine, par un collier de perles, ne paraît pas avoir autant d'ampleur que celui que nous avons vu jusqu'ici aux femmes de son rang. L'autre figure, qui est encore celle de la même princesse, nous la représente dans son négligé : le voile qui couvre sa tête, et qui vient se draper sur son cou, retombe ensuite derrière ses épaules; la tunique et le manteau qui sont dépourvus de toute espèce d'ornemens, ne

différent de ceux qu'on voit dans la figure voisine, que par la ceinture qui joint la tunique au corps; il est vraisemblable que ce dernier costume était aussi celui des dames qui fréquentaient la Cour, parce que, de tout temps, ceux qui approchent les grands, ont cherché à leur plaire, en imitant même jusqu'à leurs ridicules. Quant aux femmes des seigneurs qui habitaient les vieux donjons de leurs époux, leurs vêtemens devaient être d'une simplicité qui égalait celle de leurs mœurs et de leurs habitudes.

COSTUMES

DU

DOUZIÈME SIÈCLE.

L'HOMME représenté dans la planche du douzième siècle, est un guerrier; il est coiffé d'un casque léger, qu'on appelait *cabasset*, sur lequel est attaché un voile connu sous le nom de *Cornette*. Le voile se rejetait ordinairement en arrière. Une cuirasse couvre sa poitrine. Une épée est dans sa main droite, et sa gauche tient un bouclier concave, dont la partie inférieure se termine en pointe. Sa cotte d'armes descend jusqu'à ses talons. C'est sur cette partie de leurs vêtemens que les seigneurs, les barons et les chevaliers étalaient leur magnificence. Ils étaient communément en drap d'or ou d'argent, garnis de riches parures ou de fourrures d'hermines, de martes zibelines, de gris, de vair, etc., etc. Le luxe en devint même si grand, qu'en 1190, Philippe-Auguste, dans une ordonnance qu'il rendit sur la milice, défendit expressément de porter des habits d'or, d'argent, d'écarlate, de peaux de vair, de gris, d'hermine, parce que cela occasionnait des dépenses beaucoup trop fortes pour les militaires. Quant au manteau qui complète le

costume, il part des épaules et descend jusqu'aux talons.

Les femmes portaient de longues queues à leurs vêtemens de dessus, des collets renversés et une ceinture dorée. Mais par un abus, très-commun dans les grandes villes, ces marques de distinction qui ne devaient appartenir qu'aux femmes mariées, furent usurpées par les filles publiques. Ce fut à une circonstance extraordinaire que l'on dut la fin de cet abus. Blanche-de-Castille ayant été obligée de rendre, à la messe, le baiser de paix à une fille publique qui était vêtue d'une manière si décente que tout le monde y fut trompé, fit aussitôt promulguer une loi par laquelle il était expressément défendu à ces sortes de femmes de porter à l'avenir les marques distinctives des femmes mariées. On prétend que c'est de là, qu'est venu le proverbe : *bonne renommée vaut mieux que ceinture dorée.*

COSTUMES

DU

TREIZIÈME SIÈCLE.

Les deux personnages que l'on voit dans cette planche, ont été pris dans la classe moyenne de la société. L'homme n'a point de barbe et ses cheveux sont courts; une petite fraise accompagne son cou que le haut collet d'un pourpoint, qui ne va qu'à mi cuisse, serre de près. Ce pourpoint plissé depuis la ceinture est découpé dans le bas; un pantalon de soie couvre les cuisses et les jambes, laissant voir entièrement les formes; une longue épée suspendue à un baudrier, et placée comme celle des Crispins de comédie, pend à son côté; un grand bâton surmonté d'une pomme et qui paraît être le signe caractéristique d'une charge qu'occupe le personnage, est dans sa main gauche.

Le costume de la femme se distingue par une élégante simplicité. Les deux grandes tresses de cheveux qui tombent sur son cou, et qui descendent jusqu'à sa ceinture, prouvent qu'à cette époque, les femmes avaient le bon esprit de regarder leurs cheveux comme un des plus beaux ornemens de leur parure. Un voile attaché derrière sa tête, tombe derrière ses épaules et flotte

sur une grande robe d'étoffe légère que serre contre le corps une ceinture de larges rubans, à laquelle pendent deux petits glands; une escarcelle complète ce modeste costume qui offre d'ailleurs quelque ressemblance avec celui que portaient les prêtresses chez les Grecs.

COSTUMES
DU
QUATORZIÈME SIÈCLE.

Il serait difficile de définir avec exactitude la manière dont les Français s'habillèrent dans le quatorzième siècle, parce que Philippe-le-Bel ayant établi des lois somptuaires, chacun, jaloux de se faire remarquer, se mit l'esprit à la torture, pour inventer des modes nouvelles. Dans le commencement de ce siècle, il n'y avait que la couleur qui distinguait les vêtemens des laïcs de ceux des religieux. Les uns et les autres consistaient en une longue robe qui traînait jusqu'à terre, avec une ceinture ou capuchon parfaitement semblable à ceux que portaient les moines. Cependant il n'y avait que les personnes aisées qui eussent ce costume. Celui du peuple et des paysans se composait d'habits courts. Mais lorsque les lois de Philippe-le-Bel furent en vigueur, tout changea; le luxe devint la passion favorite des Français. Les fourrures les plus recherchées et les tissus les plus précieux de soie et d'or furent employés pour les habillemens ainsi que pour les meubles. Villaret dit que les chevaliers, les écuyers et les gens du bel air, firent revivre la longue barbe qu'on ne portait plus; que des plumets énormes leur couvraient la tête,

et que des chaînes ornaient leur cou. Il ajoute même que leurs habits étaient si courts et si étroits, qu'ils pouvaient à peine cacher les parties que la pudeur commande de couvrir. Mais ce qui fut le plus extraordinaire, et ce qui prouve la bizarrerie de la mode, c'est la chaussure ridicule qu'on adopta à cette époque, et qu'on appela *souliers à la pouline*, de Poulain, son auteur. Cette chaussure se terminait en une pointe, dont la longueur variait selon la qualité des personnes. Elle était de deux pieds de long pour les princes et les grands seigneurs, d'un pied pour les riches, et d'un demi-pied pour les gens du commun. On prétend que c'est de là qu'est venue l'expression vulgaire, *se mettre sur un bon pied; sur quel pied est-il?* Cette mode ridicule fut abolie par Charles V, et on établit une amende de dix florins pour ceux qui s'obstineraient à la porter. Quant aux usuriers qui, par une singularité digne de remarque, formèrent à cette époque un corps considérable, ils se distinguaient des autres citoyens par des robes de deux couleurs et des bonnets pointus, semblables à leurs habits, dont ils se couvraient la tête.

Le costume des veuves ressemblait à celui des religieuses, parce que les femmes qui se destinaient à l'état monastique, prenaient ce costume avant d'être entrées dans le cloître; et, comme le nombre de celles qui se retiraient ainsi du monde était considérable, cet habillement était en quelque sorte général.

COSTUMES

DU

QUINZIÈME SIÈCLE.

LE costume des hommes de cour et de ceux de la ville, fut à peu de choses près le même au quinzième siècle. Une espèce de soubreveste ample et plissée qui descendait à la naissance des cuisses, et dont les manches serrées venaient jusqu'au poignet, servait de premier vêtement. Cette soubreveste était fixée, à la hauteur des hanches, par une ceinture plus ou moins riche, à laquelle ceux qui avaient le port d'armes attachaient leur épée; les cuisses et les jambes étaient couvertes d'un pantalon de soie cramoisie ou couleur de feu. Charles VII ayant adopté le chapeau rond pour coiffure, les hommes s'empressèrent de l'imiter; mais il y en eut un grand nombre qui cherchèrent à embellir cette mode, en ornant leurs chapeaux de plumes. Quant à la chaussure, c'étaient des espèces de sandales ou pantoufles, semblables à celles qu'on porte aujourd'hui.

Un changement extraordinaire se fait également remarquer dans la coiffure des femmes. Ce ne sont plus des cheveux aplatis sur la tête qui en font l'ornement, c'est une espèce de bourrelet très-

large, surmonté d'un haut bonnet pointu, en forme de pain de sucre, duquel pend un grand voile que les élégantes de ce temps-là drapaient sur l'avant-bras gauche. Nous ignorons si cette mode vint du pays de Caux, ou si elle y fut adoptée; nous observerons seulement que les cauchoises l'ont conservée, et qu'elle leur est particulière. Le corset entièrement ouvert par devant, offre encore une différence sensible, ainsi que la ceinture qui embrasse la taille sans pendre comme celles que nous avons vues dans les costumes des siècles précédens.

COSTUMES

DU

SEIZIÈME SIÈCLE.

La mode des cheveux courts et de la barbe longue était passée; un accident arrivé à François Ier. la fit revivre. Ce prince étant à Romorantin dans le Berri, le jour des Rois, s'amusa à attaquer avec des boules de neige la maison du comte de Saint-Pol, qui se défendit de la même manière avec la petite troupe d'amis qui se trouvaient rassemblés chez lui; mais un étourdi prit malheureusement, au lieu de neige, un tison enflammé qu'il lança par la fenêtre. Ce tison atteignit la tête du roi, et le blessa si grièvement qu'on fut obligé de lui couper les cheveux. Tout le soin qu'on mit à le guérir ne put empêcher qu'une marque de brûlure ne restât sur son visage : pour la cacher, François Ier. laissa croître sa barbe; et, comme il trouva commode de porter ses cheveux courts, il les conserva de cette manière; ce qui fit que cette mode et celle de la barbe longue furent aussitôt adoptées dans toute la France. Ce changement ne fut pas le seul que les Français firent dans leur coiffure; ils quittèrent le chapeau pour se couvrir la tête d'une toque qui était sur-

montée par des plumes, et chargée de perles et de pierreries. Quant au vêtement, celui que l'on voit dans la planche ci-contre, est celui que le Roi portait dans les jours de cérémonies. Ce n'est plus le simple pantalon en usage chez Louis XII qui couvre ses cuisses; on y a ajouté un retroussi d'étoffe plissée qu'on appelait *trousse*, couvert de bandes larges, d'une couleur différente de celle qui en compose le dessous. La soubreveste, unie par devant, a des manches bouffantes et divisées par bandes comme la trousse; le manteau raccourci ne vient plus qu'aux jarretières.

La coiffure de la femme est d'une grande simplicité; ses cheveux, bouclés autour de sa figure, ne tombent plus en tresses. Ses vêtemens consistent en une robe et un corset ajusté, dont les manches sont extrêmement bouffantes; une longue chaîne, enrichie de perles et de pierres précieuses, descend de la ceinture jusque sur le coude-pied; le manteau est doublé d'hermine.

COSTUMES

DU

DIX-SEPTIÈME SIÈCLE,

SOUS HENRI IV ET LOUIS XIII.

C'est dans ce siècle que le goût de porter la fraise autour du cou, et un grand collet rabattu qui tombait sur les épaules, devint presque général : la partie supérieure du vêtement consistait en une espèce de veste courte qui se terminait au bas-ventre ; quant à la seconde, elle se composait d'un tricot de soie et d'une trousse qui couvrait la moitié des cuisses : un manteau court, en velours doublé de satin, ou de toute autre étoffe de soie, cachait les épaules, ainsi que la moitié du corps. Les souliers étaient à bouffettes, les cheveux courts, et le chapeau relevé avec un grand panache blanc qui le surmontait. Mais, indépendamment de cette manière de se vêtir, les hommes qui avaient pris l'habitude, sous Henri III, de mettre la plus grande recherche dans leur toilette, se couvraient d'habits magnifiques, et de joyaux précieux. Aussi, lorsqu'après la fameuse bataille de Coutras, on présenta à Henri IV tout ce qui provenait de la dépouille du duc de Joyeuse, tué dans cette journée,

ce grand prince s'écria : « Il ne convient qu'à des comédiens de tirer vanité des riches habits qu'ils portent : le véritable ornement d'un général est le courage, la présence d'esprit dans une bataille, et la clémence après la victoire. »

Cependant, malgré cette sévérité de principes, Henri IV n'en fut pas moins le plus galant chevalier de son royaume. C'est à sa courtoisie et à son amour pour le beau sexe qu'il faut attribuer l'élégance dont les femmes se piquèrent sous son règne. Leur poitrine était découverte, et l'éclat en était relevé par des colliers de perles, ou de pierres précieuses. Des fraises, qui avaient environ un pied de haut, s'élevaient par-derrière leurs têtes, et, s'ouvrant ensuite par-devant, elles dégageaient la gorge qu'elles laissaient voir presque nue. Jalouses de plaire à leur tour à un prince qui témoignait tant de penchant pour elles, les femmes abandonnèrent l'usage des chapeaux, et, comme elles savaient qu'il avait recommandé, en s'élançant au milieu des ennemis, de se rallier à son panache blanc, elles adoptèrent la coiffure en cheveux, et la surmontèrent d'un panache de la couleur qu'on devait toujours trouver au chemin de l'honneur et de la gloire.

COSTUMES

DES

DIX-SEPTIÈME ET DIX-HUITIÈME SIÈCLES,

SOUS LOUIS XIV.

Ce fut un abbé, nommé Rivière, qui introduisit en France la mode des grandes perruques. Elles furent d'abord composées de peu de cheveux passés au travers d'un léger treillis, de manière à imiter la nature, et laissant à nu la partie qui devait couvrir le crâne, et que l'on garantissait ensuite par une calotte de laine ou d'étoffe. La manie de ces grandes perruques fut telle qu'on en fabriqua bientôt de si énormes qu'elles eurent le surnom d'*in-folio*. Indépendamment du toupet qui s'élevait d'environ un pied, les boucles qui en descendaient couvraient les deux épaules. Les hommes en firent le principal ornement de leur parure, et l'importance que chacun d'eux mit à avoir la plus belle fut si grande, qu'une perruque blonde, qui était la couleur la plus recherchée, coûtait jusqu'à mille écus. Lorsque Louis XIV commença à se faire vieux, les courtisans quittèrent les perruques blondes pour en prendre de blanches. Enfin, pour remplacer les unes et les

autres la poudre à friser fut inventée. L'habit, appelé *juste-au-corps*, était garni, par devant, de rubans, ou de boutons et de boutonnières, depuis le haut jusqu'en bas; on le boutonnait entièrement. Une rosasse avec un nœud de rubans couleur de feu était placée sous le menton. Un pantalon de tricot couvrait les cuisses, et des bottes molles tenaient le bas de la jambe et le pied renfermés; une écharpe nouée sur le côté gauche marquait la taille. Enfin, un chapeau, à haut bord, garni de plumes de toutes sortes de couleurs, complétait ce riche costume.

La dentelle fut dans le dix-septième siècle d'un grand usage dans la parure des femmes. La robe de celle qui est représentée dans cette planche en est entièrement garnie. La coiffure est très-recherchée par l'art avec lequel les cheveux qui en font le seul ornement sont bouclés et tressés. C'est-à-peu-près à cette époque que l'on a vu, pour la première fois, des éventails entre les mains des dames. Le fard et les manchons furent aussi inventés dans le même temps.

COSTUMES

DU

DIX-HUITIÈME SIÈCLE,

SOUS LOUIS XV.

Cette planche représente un homme et une femme en habits de cour. La coiffure de l'homme consiste en une perruque moins volumineuse que celles qu'on portait dans le siècle précédent, et un petit chapeau à trois cornes ; la cravatte a disparu pour faire place à une bande de mousseline plissée à laquelle on a donné le nom de col ; la chemise est garnie sur la poitrine d'un morceau de dentelles appelé *jabot ;* l'habit long est coupé à la française ; il est brodé en or du haut en bas, et les manches sont terminées par des morceaux d'étoffes de couleur différente que l'habit, connus sous le nom de paremens ; la veste descend jusqu'à moitié cuisse ; la culotte a succédé au pantalon, et des bas de soie qui montent au-dessus des genoux, se trouvent attachés au dessous avec des jarretières ; les souliers dans lesquels les pieds paraissent être déjà en prison, sont retenus avec des boucles ; enfin, l'épée, qui est de rigueur dans ce costume, est placée au côté gauche, sans laisser voir la manière dont elle est suspendue.

La femme porte un grand panier. Cette mode

fut introduite en France par deux dames anglaises qui, s'etant promenées ainsi habillées aux Tuileries, y furent presqu'étouffées par la foule qui les environna. Ce désagrément, loin d'effrayer les dames françaises, les engagea, en quelque sorte, à adopter un costume qui attirait tous les regards. Cependant ce changement de parure ne vint que peu à peu; les comédiennes furent les premières qui se montrèrent avec des paniers; mais leur exemple fut bientôt suivi avec fureur par toutes les femmes; et comme, en fait de mode, il y a toujours quelques personnes qui se font une gloire de renchérir sur tout ce qui est ridicule, on vit des dames porter des paniers qui n'avaient pas moins de trois aunes de tour, ce qni n'était pas fort économique, puisqu'il fallait dix aunes d'étoffe de soie pour faire une jupe. Le reste du vêtement devait se ressentir et se ressentait effectivement de cette mode; car, pour que le bas du corps parût encore plus énorme, on eut grand soin de couvrir la robe et le jupon de larges garnitures, et de se serrer la taille dans des corsets qui permettaient à peine à la respiration d'avoir son cours: des nœuds de rubans et de grandes manchettes ajoutaient encore à la majesté de cette parure, qui nous semble aujourd'hui bizarre, comme celle qui est maintenant en usage, le paraîtra sans doute à ceux qui viendront après nous.

COSTUMES

DES

DIX-HUITIÈME ET DIX-NEUVIÈME SIÈCLES.

S'IL est vrai que la dernière mode est de droit la plus jolie, il s'ensuit que le Costume du dix-neuvième siècle doit avoir la préférence sur celui de tous les siècles précédens. Sans adopter exclusivement cette opinion, nous avouerons que jamais la mise des femmes ne fut aussi recherchée : rien n'y manque; la grâce, la noblesse s'y trouvent réunies, et la décence, qui en fut pendant quelque temps exilée, lui prête aujourd'hui tous ses charmes. En effet, quoi de plus séducteur que ces cheveux habilement tressés par la main délicate des *artistes* coiffeurs dont la capitale abonde! quoi de plus élégant que ces robes fraîchement enrichies de garnitures, qu'on eût appelées *falbalas* il y a cinquante ans, mais auxquelles on donne aujourd'hui le nom de *ruches*, pour dissimuler le retour d'une mode ancienne! quoi de mieux imaginé que ces grandes pièces d'étoffes appelées *cachemires*, qui tantôt nous dérobant entièrement la taille fine et légère d'une beauté, nous donnent le désir de la voir et de l'admirer, désir que la coquetterie s'empresse bien vîte de satisfaire, dès qu'elle s'aperçoit qu'il est exprimé. Alors, le schal passant des épau-

les dans la main gauche, la forme des appas apparaît dans toute sa séduction. Mais ce qui rend le Costume d'aujourd'hui encore plus cher au beau sexe, c'est qu'il confond les âges, et que, pourvu qu'une figure, sur laquelle soixante printemps ont exercé leurs ravages, soit cachée sous un énorme chapeau, plus d'un jeune élégant peut être pris pour dupe, lorsque la curiosité lui fait suivre les traces d'une femme que sa tournure lui fait supposer être encore dans la fleur de la jeunesse.

Le Costume du dix-neuvième siècle est encore plus avantageux pour les hommes. Il n'y a plus entre eux de distinctions : on ne voit aujourd'hui ni perruques, ni habits à grandes basques, ni cannes à bec à corbin. Des cheveux courts, des habits étriqués, et de petits bâtons à massue, voilà la mode générale : vieux et jeunes sont vêtus de même, et il arrive souvent que les premiers affectent de se montrer les plus ridicules. Aussi ne peut-on plus, comme autrefois, connaître, au premier aspect, l'âge, le rang, et l'état de ceux qu'on rencontre, soit dans les rues, soit dans les sociétés ; et, si la plupart de ces individus sont assez prudens pour garder le silence, la méprise peut être longue (1).

___

(1) Le plan de cet Ouvrage ne nous ayant pas permis de donner des détails circonstanciés sur tous les monumens de la Capitale, nous pensons qu'il sera agréable à nos lecteurs d'avoir une petite notice de ceux qui sont encore les plus remarquables. Nous y joignons aussi les noms des principaux établissemens publics.

MONUMENS PUBLICS

ET

ADMINISTRATIONS.

ACADÉMIE FRANÇAISE, au palais de l'Institut, ci-devant Collége des Quatre-Nations.
Séance particulière le jeudi de chaque semaine: séance publique, le 25 août, jour de la Saint-Louis.

ACADÉMIE ROYALE DES BEAUX-ARTS, au palais de l'Institut.
Séances particulières le samedi de chaque semaine: séances publiques dans le mois d'octobre.

ACADÉMIE ROYALE DES SCIENCES, au palais de l'institut.
Séances particulières, le lundi de chaque semaine: séance publique dans le mois de mars.

ACADÉMIE DES INSCRIPTIONS ET BELLES-LETTRES, au palais de l'Institut.
Séances particulières, le vendredi de chaque semaine: séance publique dans le mois de juillet.

ADMINISTRATION DU CANAL DE L'OURCQ ET DES EAUX DE PARIS, rue du Parc-Royal, n. 12.

ADMINISTRATION DE LA LOTERIE ROYALE, rue NEUVE-DES-PETITS-CHAMPS, n. 42.

ADMINISTRATION DES MONNAIES, Hôtel des Monnaies, près le Pont-Neuf.

ADMINISTRATION DES SALINES DE L'EST: rue de Louis-le-Grand, n. 25.

ADMINISTRATION DES SUBSISTANCES DE LA MARINE, rue de Varennes, n. 37.

ADMINISTRATION DES TONTINIS, rue de Grammont, n. 13.

ADMINISTRATION DES TROIS PONTS SUR SEINE, rue du Bouloy, n. 26.

AMBASSADE D'AUTRICHE, rue d'Angoulême, aux Champs-Elysées, n. 2.
—— DE BADE, rue Saint-Florentin, n. 11.
—— DE BAVIÈRE, place Louis XV, n. 6.
—— DE DANEMARCK, rue Bergère, n. 4.
—— D'ESPAGNE, rue de la Chaussée-d'Antin, n. 18.

Ambassade des États-Unis, rue de l'Université, n. 21.
—— de la Grande-Bretagne, rue St.-Honoré, n. 39.
—— de Hambourg et Francfort sur le Mein, rue St.-Dominique, n. 78.
—— d'Hanovre, rue d'Antin, n. 5.
—— d'Armstadt, rue Richepanse, n. 5.
—— de Mecklembourg-Schwerin, rue du Faubourg-St.-Honoré, n. 14.
—— de Mecklenbourg-Strelitz, Saxe-Weimar, Saxe-Gotha, etc., Place St.-Germain-l'Auxerrois, n. 37.
—— de Parme, rue des St.-Pères, n. 10.
—— des Pays-Bas, rue Taitbout, n. 3.
—— de Portugal, faubourg St.-Honoré, n. 25.
—— de Prusse, rue d'Artois, n. 7.
—— de Rome, rue du Regard, n. 15.
—— de Russie, rue de Provence, Hôtel Télusson.
—— de Sardaigne, rue St.-Dominique, n. 69.
—— de Saxe, rue St.-Georges, n. 34.
—— des Deux-Siciles, rue de l'Université, n. 57.
—— de Suède et Norwège, rue de Poitiers, n. 8.
—— de Suisse, près la place Louis XV, n. 11.
—— de Toscane, rue du Faubourg-St.-Honoré, n. 27.
—— de Turquie, rue de la Planche, n. 11.
—— de Wurtemberg, rue Neuve-du-Luxembourg, n. 31.

Aqueduc d'Arcueil.

La première pierre de cet aqueduc, qui alimente treize fontaines en leur fournissant journellement 50 pouces d'eau, a été posée en 1613, par Louis XIII.

Aqueduc de Belleville,

Fournit avec celui de Menil-Montant, 6 pouces d'eau en 24 heures, ce qui équivaut à 432 muids.

—— du Canal de l'Ourcq,

Fournit à quatre-vingt-trois pieds au-dessus du niveau des basses eaux de la Seine, plus de 1350 pouces d'eau qui produisant, en 24 heures, 672,000 muids, alimentent les quartiers les plus reculés de la capitale.

—— de Romainville.

C'est le plus ancien de Paris : il fournit 9 pouces d'eau en 24 heures aux fontaines qu'il alimente ; ce qui équivaut à 646 muids.

Arc de triomphe du Carrousel. *Voy.* Tuileries, page 1.

—— de triomphe de l'Étoile.

Cet Arc élevé à la barrière de Neuilly, et qui fait un

des plus beaux points de vue des Tuileries, a été commencé sous le dernier Gouvernement : il n'est point achevé.

Archives du Royaume, hôtel Soubise, rue du Chaume.

Ce dépôt est le plus riche de Paris : le Testament olographe de Louis XVI y est déposé.

Association paternelle des Chevaliers de Saint-Louis et du Mérite militaire, rue Neuve-Saint-Roch, n. 45.

Amphithéatre d'Anatomie des Hôpitaux de Paris, rue des Saints-Pères, à l'Hôpital de la Pitié.

Asile royal de la Providence, rue Saint-Honoré, n. 290.

Bains d'Albert, rue Saint-Dominique-Saint-Germain, n. 72.

—— Chinois ; sur le boulevard, au coin de la rue de la Michodière.

—— Montesquieu, rue Montesquieu.
—— Saint-Sauveur, rue Saint-Denis, n. 277.
—— de Tivoli, rue Saint-Lazare, n. 88.
—— Turcs, rue du Temple, n. 98.
—— du Vaux-Hall d'été, boulevard Saint-Martin.
—— Vigier.

Ces Bains sont situés sur la rivière dans d'élégans bateaux. Il y en a quatre : le premier au Pont-Marie ; le second au Pont-Neuf ; le troisième et le quatrième au-dessus et au-dessous du Pont-Royal.

Banque de France, rue la Vrillière.

Bibliothèque de la Faculté de Médecine, rue de l'École de Médecine, n. 14.

Ouverte les lundis, mercredis et samedis, de dix heures à deux heures.

—— des Invalides, à l'Hôtel Royal des Invalides.

Ouverte, tous les jours ouvrables, depuis neuf heures du matin jusqu'à trois.

—— Mazarine, Palais des Beaux-Arts, quai Conti, n. 23.

Ouverte tous les jours depuis dix heures jusqu'à deux, excepté les jeudis, les jours fêtes et les vacances du 15 août au 15 octobre.

—— de Monsieur, à l'Arsenal, rue de Sully, à l'extrémité du quai des Augustins.

Ouverte, tous les jours ouvrables, depuis dix heures

jusqu'à deux ; vacance depuis le 15 septembre jusqu'au 3 novembre.

Bibliothèque du Muséum d'Histoire naturelle, rue du Jardin du Roi, n. 18.

Ouverte, les mardis et vendredis, depuis trois heures jusqu'à la nuit en automne et pendant l'hiver, et depuis quatre heures jusqu'à sept au printemps et en été.

Bibliothèque du Roi, rue de Richelieu, n. 58.

Ouverte tous les jours pour les lecteurs, les dimanches et fêtes exceptés, de dix à deux heures, et pour les curieux les mardis et vendredis aux mêmes heures. Vacances, depuis le 1er septembre jusqu'au 16 octobre.

Bibliothèque Ste.-Geneviève, place Ste.-Geneviève, bâtiment du collége de Henri IV.

Ouverte tous les jours, excepté les dimanches et fêtes, depuis dix heures du matin jusqu'à deux. Vacances, depuis le 1er septembre, jusqu'au 2 novembre.

Bibliothèque de la Ville, à l'Hôtel-de-Ville.

Ouverte tous les jours, depuis midi jusqu'à quatre heures, excepté les dimanches et les jours de fêtes, et ceux où les Sociétés de Médecine et d'Agriculture y tiennent leurs séances. Vacances, depuis le 1er septembre jusqu'au 15 octobre inclusivement.

Bourse, rue des Filles St.-Thomas. *Voy.* Bourse, page 24.

Bureau central d'admission dans les hôpitaux, parvis Notre-Dame, n. 2.

Bureau central du Pesage, Mesurage et Jaujage publics dans Paris, rue Neuve-St.-Méry, n. 46.

Bureau de Charité des douze Arrondissemens de la ville de Paris.

Premier Arrondissement, rue de l'Arcade, n. 23.

Second Arrondissement, rue Neuve-St.-Roch, n. 9.

Troisième Arrondissement, aux Petits-Pères, près la place des Victoires, à la Mairie.

Quatrième Arrondissement, place du Chevalier du Guet, n. 4, à la Mairie.

Cinquième Arrondissement, rue Grange-aux-Belles, n. 2, à la Mairie.

Sixième Arrondissement, Abbaye St.-Martin-des-Champs, rue St.-Martin, n. 208 et 210, à la Mairie.

Septième Arrondissement, rue du Puits, n. 10.

Huitième Arrondissement, rue de la Chaussée des Minimes, n. 4.

Neuvième Arrondissement, rue du Fauconnier, n. 7.
Dixième Arrondissement, rue de l'Université, n. 58.
Onzième Arrondissement, rue St.-André-des-Arts, n. 49.
Douzième Arrondissement, rue St.-Jacques, n. 62, à la Mairie.

Bureau des Longitudes, à l'Observatoire, rue du Faubourg Saint-Jacques, n. 26.

Bureau des Postes ou l'on peut affranchir les lettres pour les départemens et l'étranger.

Bureau A, rue des Mauvaises-Paroles.
Bureau B, rue des Balets St.-Antoine.
Bureau C, rue du Grand-Chantier.
Bureau D, rue Beauregard.
Bureau E, rue Duphot.
Bureau F, rue de Verneuil.
Bureau G, rue de Condé, Faubourg St.-Germain.
Bureau H, place St.-Sulpice, au coin de la rue des Canettes.

Catacombes.

Monument funèbre très-curieux, et situé au sud de Paris, sous un lieu appelé *la Tombe Issoire*.

Caisse d'Amortissement, rue et Maison de l'Oratoire.

Caisse Syndicale des Boulangers, rue du Gros-Chenet, n. 9.

Ouverte tous les jours, les dimanches et fêtes exceptés, de neuf heures à trois heures.

Caisse des Dépôts et Consignations, rue et Maison de l'Oratoire.

Caisse Hypothécaire, rue de la Paix, n. 14.

Caisse de Poissy, rue du Gros-Chenet, n. 25.

Les bureaux et caisses sont ouverts tous les jours depuis neuf heures jusqu'à quatre.

Chambre des Députés des départemens, au Palais du Corps Législatif. *Voy.* Palais du Corps Législatif. Page 46.

Chambre de commerce de la ville de Paris, à l'Hôtel-de-Ville.

S'assemble les mercredis de chaque semaine.

Chambre des Pairs, rue de Vaugirard, au palais du Luxembourg. *Voy.* Palais du Luxembourg, pag. 19.

Champ de Mars.

Ce vaste emplacement, environné de fossés et de

(131)

quatre rangs d'arbres, est destiné aux revues, aux grandes manœuvres des troupes et aux courses des chevaux.

CHATEAU D'EAU, rue Cassini, et place du Palais-Royal.

CIMETIÈRE DU MONT-LOUIS, CONNU SOUS LE NOM DE CIMETIÈRE DU PÈRE LA CHAISE.
—— DE MONTMARTRE.
—— DE MONCEAUX.
—— DE POPINCOURT.
—— DE SAINTE-CATHERINE.

COLLÉGE-ROYAL DE BOURBON, rue Sainte-Croix, Chaussée d'Antin.
—— DE CHARLEMAGNE, rue Saint-Antoine, n. 120.
—— DE FRANCE, place Cambrai, n. 1.
—— DE HENRI IV, place et ancienne maison de Sainte-Geneviève, rue de Clovis, n. 1.

COLLÉGE IRLANDAIS, ANGLAIS ET ÉCOSSAIS RÉUNIS, rue des Irlandais.

COLLÉGE-ROYAL DE LOUIS-LE-GRAND, rue Saint Jacques, n. 123.
—— DE SAINTE-BARBE, rue de Reims, n. 7.

COMMANDEMENT DE LA PLACE DE PARIS, place Vendôme.

COMMISSION DE L'INSTRUCTION PUBLIQUE, rue de l'Université, n. 15.
—— DE RÉPARTITION DES CONTRIBUTIONS DIRECTES, place de l'Hôtel-de-Ville, n. 8.
—— DU SCEAU, place Vendôme, n. 17.

COLONNE DE MÉDICIS.
Cette colonne adossée au bâtiment de la halle au blé a été érigée en 1571. Sur son sommet est un méridien qui marque l'heure précise du soleil, à chaque moment de la journée, dans toutes les saisons. Au bas est une fontaine.

CONSEIL GÉNÉRAL DE COMMERCE, hôtel de la Briffe, quai Voltaire, n. 3.

CONSEIL GÉNÉRAL DE L'ADMINISTRATION DES HOSPICES, SECOURS A DOMICILE ET SECRÉTARIAT-GÉÉNÉRAL, Parvis Notre-Dame, n. 30.
Cette Administration est composée de cinq divisions. La première comprend les hospices ; la seconde, les hôpitaux, la boulangerie générale, et la pharmacie centrale ; la troisième, les domaines ; la quatrième, les secours à domicile ; la cinquième, la comptabilité générale.

CONVERSION D'INSCRIPTIONS CINQ POUR CENT CONSOLIDÉS,

EN RECONNAISSANCES A ORDRE AU PORTEUR, rue du Faubourg-Poissonnière, n. 19.

CONSERVATION DES MONUMENS PUBLICS, rue Saint-Honoré, n. 319.

CONSERVATION DES HYPOTHÈQUES, rue Michel-le-Comte, n. 32.

CONSERVATION DES ARTS ET MÉTIERS, rue Saint-Martin, n°s. 208 et 210.

COUR DES COMPTES, au Palais de Justice.
COUR ROYALE, au Palais de Justice.
COUR DE CASSATION, au Palais de Justice.

DÉPÔT DE LAINE ET LAVOIR PUBLIC, Port de l'Hôpital, n. 35, près le pont du Jardin du Roi.

Cet utile établissement a été formé en 1813 : c'est à M. le comte de Chabrol, préfet du département de la Seine, qu'on en est redevable.

DIRECTION GÉNÉRALE DE L'ADMINISTRATION COMMUNALE ET DÉPARTEMENTALE, rue de Grenelle, faubourg Saint-Germain, n. 101.

DIRECTION DES CONTRIBUTIONS DIRECTES DU DÉPARTEMENT, Vieille rue du Temple, n. 24.

Les bureaux sont ouverts au public, tous les jours, depuis trois heures jusqu'à quatre, et le samedi depuis midi.

DIRECTION DES CONTRIBUTIONS INDIRECTES, rue Sainte-Avoye, n. 44.
—— DES DOMAINES, rue Thévenot n. 44.
—— GÉNÉRALE DES DOUANES, rue Montmartre, hôtel d'Uzès.
—— DES DROITS D'ENTRÉES ET D'OCTROI DE PARIS, rue des Francs-Bourgeois, n. 21, au Marais.
—— GÉNÉRALE DE L'ENREGISTREMENT ET DES DOMAINES, ET DES FORÊTS, rue de Choiseuil, n. 2.

Le bureau des renseignemens établi au rez-de-chaussée, n°s. 5 et 6, est le seul des bureaux de l'Administration centrale, dans lequel le public puisse être admis ; il est ouvert le jeudi de chaque semaine, depuis deux heures jusqu'à quatre.

DIRECTION DE L'ENREGISTREMENT ET DU TIMBRE, rue du Bouloy, n. 23.
—— DU MONT-DE-PIÉTÉ, rue des Blancs-Manteaux.
—— DES NOURRICES, rue Sainte-Apolline, n. 18.
—— GÉNÉRALE DES PONTS ET CHAUSSÉES, ET DES MINES, place Vendôme, n. 19.

Les bureaux ne sont ouverts au public que le samedi, de deux à quatre heures.

Direction générale des Postes, rue J.-J. Rousseau.

—— générale des Travaux publics de Paris, rue du Port-Mahon, n. 7.

Eaux clarifiées et dépurées de la Seine, quai des Célestins, n. 24.

École royale et spéciale des Beaux-Arts.

Cette École est consacrée à l'enseignement des Arts de dessin : elle est divisée en deux sections, dont l'une comprend la sculpture et la structure, et l'autre l'architecture.

École spéciale et gratuite de Dessin, rue de Touraine, n. 3.

Cet établissement est uniquement réservé aux jeunes personnes du sexe. Des prix annuels et l'exposition de leurs ouvrages excitent en elles l'émulation.

École royale gratuite de Dessin, rue de l'École de Médecine, n. 5.

Quinze cents Élèves y sont admis : on leur enseigne la géométrie pratique, l'arithmétique et le toisé, la coupe des pierres, l'architecture civile, la figure humaine, le dessin des animaux, l'ornement et les fleurs. On leur distribue chaque mois des médailles, et chaque année des prix.

École royale d'Équitation, rue St.-Honoré, n. 339.

—— de Gravure en Pierres fines, rue St.-Jacques, à l'Institution des Sourds et Muets : ce sont ces infortunés que M. Geoffroy forme à cet Art difficile.

École spéciale des Langues orientales vivantes, rue de Richelieu, n. 58, à la Bibliothèque du Roi.

On y enseigne le Persan, le Malay, l'Arabe vulgaire et littéral, le Turc, l'Arménien et le Grec moderne.

Écoles de Natation : l'une est quai d'Orsay, près du Pont-Royal, l'autre à la Pointe de l'Ile Saint-Louis.

École royale militaire, en face du Champ-de-Mars.

Cette École fondée par Louis XV, pour y élever gratuitement cinq cents Gentilshommes pauvres, dont les pères étaient morts au champ d'honneur, vient d'être rendue par Louis XVIII à son institution première que la révolution avait abolie. Les bâtimens en sont vastes et beaux.

École royale des Mines, rue d'Enfer, hôtel Vendôme, n°. 34.

Le cabinet attaché à cette École contient un échan

tillon de toutes les productions minérales de France, classées par départemens, et les principales matières minérales étrangères. On y admet, tous les jours ouvrables, de trois à quatre heures, les étrangers.

ÉCOLE ROYALE DE MOSAÏQUE, rue de l'École de Médecine.

L'art de copier en Mosaïque les tableaux, et d'exécuter les objets de décors et d'ornemens qui servent à embellir et à enrichir les temples et les palais, y est enseigné à des Élèves nommés par le Gouvernement. Il y a une exposition publique tous les samedis à midi.

ÉCOLE ROYALE DE MUSIQUE ET DE DÉCLAMATION, rue Bergère, n. 2.

On y enseigne tout ce qui est relatif à l'Art musical et à la Représentation théâtrale.

ÉCOLE NORMALE, rue des Postes, n. 26.

Le but de cet établissement, est de former des professeurs qui puissent ensuite répandre l'instruction dans les Collèges.

ÉCOLE DE PHARMACIE, rue de l'Arbalète, n. 3.

On y enseigne la théorie, et la préparation des remèdes, la Chimie, l'Histoire naturelle et la Botanique; tous les jours ouvrables, le Jardin botanique est ouvert.

ÉCOLE ROYALE POLYTECHNIQUE, rue de la Montagne Sainte-Geneviève, n. 55.

L'Institution de cette École placée sous la protection de Son A. R. M. le duc d'Angoulême, a deux buts; le premier qui est général, est de répandre l'instruction des Sciences mathématiques, physiques, chimiques et des arts graphiques; le second qui est spécial, tend à former des élèves pour les écoles royales de l'Artillerie de terre et de mer, du Génie militaire, des Ponts et Chaussées, des Mines, du Génie maritime, des Ingénieurs géographes, des Poudres et salpêtres, et pour les autres services publics qui exigent des connaissances analogues.

ÉCOLE ROYALE DES PONTS ET CHAUSSÉES, rue Culture-Sainte-Catherine, n. 27.

Les principes de l'art de projeter et de construire des ouvrages relatifs aux routes, aux canaux, aux ponts, aux ports, et aux édifices publics, y est enseigné à quatre-vingts élèves tirés de l'école polytechnique.

ÉCOLE ROYALE VÉTÉRINAIRE D'ALFORT, à Alfort près Charenton.

Cet établissement est destiné à former des maréchaux

et des médecins vétérinaires : il possède une bibliothèque spéciale de Zoologie domestique ; un cabinet d'Anatomie comparée, et un autre de Pathologie, qui sont ouverts tous les jours au public.

ENTREPÔT GÉNÉRAL DE VINS ET EAUX-DE-VIE, quai Saint-Bernard.

ENTREPRISES DES INHUMATIONS ET POMPES FUNÈBRES, rue du Faubourg-Saint-Martin, n. 39.

EGLISES DE PARIS.

L'ABBAYE AUX BOIS, rue de Sèvres.
L'ABBAYE ROYALE DE PORT-ROYAL, rue de la Bourbe.
LA MAGDELAINE *Voy.* Pag. 17.
NOTRE-DAME. *Voy.* pag. 25.
——— LES BLANCS-MANTEAUX, rue des Blancs-Manteaux.
——— DE BONNE-NOUVELLE, rue Beau-Regard.
——— DE LORETTE, rue du Faubourg-Montmartre.
——— DES VICTOIRES, passage des Petits-Pères.
SAINT-AMBROISE, rue de Popincourt.
SAINTE CHAPELLE, au Palais de Justice.
SAINT-DENIS, rue Saint-Louis.
SAINTE-ELISABETH, rue du Temple.
SAINT-ÉTIENNE DU MONT, place de la Montagne-Sainte-Geneviève.
——— EUSTACHE, rues Traînée et du Jour.
——— FRANÇOIS-D'ASSISE, rue du Perche.
——— FRANÇOIS-XAVIER, OU LES MISSIONS ÉTRANGÈRES, rue du Bac.
SAINTE-GENEVIÈVE. *Voy.* page 62.
SAINT GERMAIN L'AUXERROIS, place du même nom, près du Louvre.
——— GERMAIN-DES-PRÉS, rue Saint-Germain-des-Prés.
——— GERVAIS, rue du Pourtour Saint Gervais.
——— JACQUES-DU-HAUT-PAS, rue Saint-Jacques.
SAINT LAURENT, rue du faubourg Saint-Martin.
——— LEU, rue Saint-Denis.
——— LOUIS, rue Sainte-Croix.
——— LOUIS-EN-L'ILE, rue et île Saint-Louis.
——— LOUIS-SAINT-PAUL, rue Saint-Antoine.
SAINTE-MARGUERITE, rue Saint-Bernard.
SAINT-MÉDARD, rue Mouffetard.
——— MÉRY, rue Saint-Martin.
——— NICOLAS-DES-CHAMPS, rue Saint-Martin.
——— NICOLAS-DU-CHARDONNET, rue Saint-Victor.
——— PHILIPPE-DU-ROULE, rue du Faubourg-du-Roule, nos. 8 et 10.
——— PIERRE-DE-CHAILLOT, à Chaillot.
——— ROCH, rue Saint-Honoré.
——— SÉVERIN, rue Saint-Séverin.

—— Sulpice. *Voy.* pag. 38.
—— Thomas-d'Aquin, rue Saint-Dominique.
Sainte-Valère, à l'extrémité de la rue de Grenelle.
Saint-Vincent-de-Paul, rue Montholon.
La Visitation, rue Saint-Antoine.

Établissement en faveur des Blessés indigens, rue du Petit-Musc, n. 9.

Établissement de Filature, en faveur des Femmes indigentes, maison des Hospitalières; près la Place Royale.

État-major général de la Garde nationale du Département de la Seine, rue Grange-Batelière, n. 3.

Faculté de Droit, Place Sainte-Geneviève, n. 8.

On y enseigne le Droit naturel, le Droit Romain, le Code civil et les Codes de Commerce et de Procédure civile.

Faculté des Lettres, rue Saint-Jacques, n. 115.

On y enseigne la Littérature grecque, l'Éloquence latine, la Poésie latine, l'Éloquence française, l'Histoire littéraire des Poésies françaises, la Philosophie, l'Histoire de la Philosophie moderne, l'Histoire ancienne, l'Histoire moderne et la Géographie.

Faculté de Médecine, rue de l'École de Médecine, n. 14.

On y enseigne l'Anatomie, la Physiologie, la Chimie médicale, l'Hygienne, la Pathologie externe, la Pathologie interne, l'Histoire naturelle médicale, la Botanique, la Médecine opératoire, la Clinique externe, la Clinique interne, la Clinique dite de perfectionnement, l'Accouchement et la Médecine légale.

Faculté des Sciences, rue Saint-Jacques, n. 15.

On y enseigne le Calcul différentiel et intégral, l'Astronomie, la Physique, la Chimie, la Minéralogie, la Botanique, la Physique végétale, la Mécanique, l'Algèbre supérieur, la Géologie.

Faculté de Théologie, rue Saint-Jacques, n. 115.

On y enseigne le Dogme, la Morale, l'Écriture-Sainte, l'Histoire ecclésiastique, l'Hébreu et l'Éloquence sacrée.

Fontaine d'Alexandre, rue Saint-Victor.
—— de la rue des Vieilles-Audriettes, rue Saint-Martin.
—— de la rue Censier.
—— de la Croix du Trahoir.

—— Desaix, Place Dauphine.
—— de la rue de l'Échelle.
—— de la place de l'École.
—— de l'Esplanade du boulevard de Bondi.
—— de la pointe Saint-Eustache.
—— de Grenelle, rue de Grenelle-St.-Germain, n. 53.
—— des Innocens, place des Innocens.
—— du Palmier, place du Châtelet.
—— de la place de l'École de Médecine, place de l'École de Médecine.
—— de la place de l'Hospice militaire du Gros-Caillou.
—— de la place Saint-Michel, au haut de la rue de la Harpe.
—— de Popincourt.
—— de la rue de Sèvres.
—— Saint-Sulpice, place Saint-Sulpice.
—— de la rue de Vaugirard.

Gardes du corps du Roi, quai d'Orsay.

Garde Meuble de la Couronne, place Louis XV. *Voy.* pag. 35.

Gouvernement militaire de la 1re. Division et de Paris, place Louis XV.

Grenier a Sel, rue Saint-Germain-l'Auxerrois, n. 42.

Halle au Blé, rue de Viarme.
—— aux Draps et aux Toiles, place des Innocens.
—— aux Cuirs, rue Mauconseil, n. 38.
—— aux Veaux, rues de Poissy et de Pontoise, près du pont de la Tournelle.
—— aux Vins, quai Saint-Bernard.

Hôpital-Beaujon, rue du Faubourg-du-Roule, n. 54.
—— de la Charité, rue des Saints-Pères, n. 45.
—— Cochin, rue du faubourg Saint-Jacques, n. 45.
—— des Enfans malades, rue de Sèvres, n. 3.
—— militaire, faubourg Saint-Jacques au Val-de-Grâce, n. 277, et rue Picpus, n. 17.
—— militaire de la Garde Royale, rue Saint-Dominique, au Gros-Caillou.
—— Neker, rue de Sèvres, n. 5.
—— Saint-Antoine, rue du Faubourg-Saint-Antoine, n. 206.
—— Saint-Louis, rue Saint-Louis, faubourg du Temple, n. 2.
—— des Vénériens, Champ des Capucins, faubourg Saint-Jacques.

Hospice de Bicêtre, route de Fontainebleau.
—— de l'École de Médecine, rue de l'Observance,

—— des Enfans-Trouvés, rue de la Bourbe, n. 3.
—— royal des Quinze-Vingts, rue de Charenton, n. 38.
—— des Incurables (Femmes), rue de Sèvres, n. 54.
—— des Incurables (Hommes), rue du faubourg Saint-Laurent, n. 166.
—— de la Maternité, rue d'Enfer, n. 74.
—— des Ménages, rue de la Chaise, n. 28.

Hôpital des petites Maisons.

Hospice des Orphelins, rue St.-Antoine, n. 124.
—— de la Pitié, rue Copeau, n. 1.
—— de la Salpêtrière, boulevard de l'Hôpital, près le Jardin du Roi.
—— général de Vaccination gratuite, rue du Battoir-Saint-André-des-Arts, n. 1.

Hôtel-Dieu, Parvis Notre-Dame.
—— Royal des Invalides. *Voy.* pag. 86.
—— des Monnaies, rue Guénégaud.
—— de-Ville. *Voy.* pag. 50.

Ile Louvier, Chantier de bois.
—— de la Cité, ou du Palais, l'ancien Paris.
—— Saint-Louis, près de celle de la Cité.

Imprimerie Royale, Vieille rue du Temple, hôtel Soubise.

Institut de France, au Palais des Beaux-Arts, quai de Conti, n. 23.

Institution royale des jeunes Aveugles, rue St.-Victor, n. 65.

Soixante jeunes Garçons et trente jeunes Filles aveugles sont entretenus gratuitement, pendant huit années, dans cet établissement. On leur enseigne, par des procédés particuliers, la Religion, la Lecture, l'Ecriture, la Géographie, les Langues française, latine, italienne et anglaise ; l'Histoire, les Mathématiques, la Musique vocale et instrumentale, et plusieurs métiers, tels que l'Imprimerie, la Vannerie, la Tisseranderie, la Sparterie, la Filature, le Tricot, la Reliure des livres, etc., etc.

Institution royale des Sourds et Muets, rue St.-Jacques, n. 254.

Le nombre des élèves admis dans cet établissement est de soixante-dix. On leur apprend à lire, à écrire, à compter et à dessiner ; on leur montre aussi des métiers. Le temps de leur séjour dans l'Institution est de cinq ans. On y reçoit aussi des sourds et muets, moyennant une pension de 900 fr. pour les garçons, et de 800 fr. pour les filles. Des exercices publics y ont lieu les 15 et 20 de chaque mois, à onze heures du matin. Les étrangers y sont reçus.

Institution de Sainte-Perrine, Grande rue de Chaillot.

Cette institution est destinée aux personnes honorablement élevées à qui la fortune a cessé d'être favorable.

Laines (dépôt permanent de), rue de la Bûcherie.

Mairies: 1er. arrondissement, rue du Faubourg St.-Honoré, n. 14.

2e. arrondissement, rue d'Antin, n. 3.

3e. ———, aux Petits-Pères, près la place des Victoires.

4e. ———, place du Chevalier-du-Guet, n. 4.

5e. ———, rue Grange-aux Belles, n. 2.

6e. ———, rue Saint-Martin, n. 20.

7e. ———, rue Sainte-Avoye, n. 37.

8e. ———, place Royale, n. 14.

9e. ———, rue de Jouy, n. 9.

10e. ———, rue de Verneuil, n. 13.

11e. ———, rue Servandoni, n. 10.

12e. ———, rue Saint-Jacques, n. 62.

Maison d'Accouchemens, rue de la Bourbe.
Toutes les femmes grosses y sont reçues.

——— Royale de Charenton, à Charenton.
On y traite les aliénés des deux sexes.

——— Royale des Orphelines de la Légion-d'honneur, rue Barbette, n. 2.

——— de Retraite, à Montrouge.
On y reçoit les personnes de l'un et l'autre sexe, moyennant une modique somme une fois donnée.

——— Royale de Santé, rue du Faubourg-Saint-Denis.
——— de Santé, rue du Faubourg-Saint-Martin, n. 163.
——— de Santé des Vénériens, rue du Faubourg-St.-Jacques, n. 17.

Manufacture royale de Glaces, rue de Reuilly, n. 24.

——— de Porcelaine de Sèvres, à Sèvres.

——— Royale des Tapis, façon de Perse, de la Savonnerie, quai de Billy, n. 50.

——— Royale des Tapisseries de la Couronne, aux Gobelins, rue Mouffetard.

Marché des Augustins, quai des Augustins.

——— des Carmes, rue des Noyers.

(140)

Marché aux Chevaux, boulevard de l'Hôpital.
—— aux Fleurs, quai Desaix.
—— aux Fourrages, à l'extrémité du faubourg Saint-Martin; rue Saint-Antoine,—Marché le Noir, et à la barrière d'Enfer.

Marché aux Fruits, quai de la Tournelle.
—— des Innocens, entre les rues de la Féronerie et aux Fers.
        Saint-Germain, faubourg Saint-Germain.
—— Saint-Joseph, rue Montmartre.
—— Saint-Martin, rue Frépillon.
—— aux Veaux, près le quai de la Tournelle.
—— a la Viande, rue des Prouvaires.
—— de la vieille rue du Temple, vis à vis la rue des Blancs-Manteaux.
        du vieux Linge, rue du Temple.

Messageries royales, rue Notre-Dame des Victoires, n. 12.

Ministère des Affaires étrangères, rue du Bac.

Le bureau des passeports est le seul qui soit ouvert au public : on peut s'y présenter tous les jours, depuis dix heures du matin, jusqu'à cinq heures du soir, les dimanches et fêtes exceptés.

Ministère des Finances, rue Neuve-de-Petits-Champs.

Ministère de la Guerre, rue Saint-Dominique.

Les bureaux sont ouverts au public, tous les mercredis à une heure, du 1er. décembre au 1er. mars, et à deux heures pendant le reste de l'année.

Ministère de l'Intérieur, quai Malaquai.

Le public est admis auprès des Chefs de Divisions, les jeudis, depuis deux heures jusqu'à quatre.

Sur une demande par écrit, et l'indication de l'objet dont on désire entretenir le Ministre, il donne des audiences particulières.

Ministère de la Justice, place Vendôme.

Les bureaux ne sont ouverts au public, place Vendôme, n. 15, que les vendredis, depuis deux heures jusqu'à quatre.

Les premier et troisième samedis de chaque mois, audiences publiques du Ministre, de neuf à onze heures du matin.

Ministère de la Maison du Roi, rue de Grenelle Saint-Germain, n. 121.

Les bureaux sont ouverts au public le jeudi de chaque semaine, de deux à quatre.

MINISTÈRE DE LA MARINE ET DES COLONIES, rue Royale.

Les bureaux sont ouverts au public tous les jeudis, de deux à quatre heures.

Le Ministre donne des audiences particulières, toutes les fois qu'on lui en fait la demande par écrit, en indiquant l'objet dont on désire l'entretenir.

OBSERVATOIRE, rue du Faubourg-Saint-Jacques, n. 26.

PALAIS ARCHIÉPISCOPAL, rue de l'Évêché, près de l'église Notre-Dame.

PALAIS BOURBON. *V.* Palais du Corps Législatif, pag. 46.

—— DE LA BOURSE. *Voy.* Bourse, page 24.

—— DE LA CHAMBRE DES PAIRS, *Voy.* Palais du Luxembourg, page 19.

—— DE JUSTICE, place du Palais de Justice.

—— DE LA LÉGION-D'HONNEUR, rue de Bourbon.

—— DE L'ELYSÉE-BOURBON, rue du Faubourg-Saint-Honoré.

—— DU LOUVRE. *Voy.* Louvre, pag. 68.

—— DE Mme. LA DUCHESSSE DOUAIRIÈRE D'ORLÉANS, rue Saint-Dominique, Saint-Germain, n. 38.

—— ROYAL. *Voy.* page 54.

—— DES SCIENCE, ET DES ARTS, a l'Institut.

—— DU TEMPLE, rue du Temple, n. 80.

—— DES TUILERIES. *Voy.* page 1.

PONT-AU-DOUBLE, communique de la rue de la Bûcherie à la rue de l'Évêché.

—— DES ARTS, communique du Louvre au Palais des Sciences et des Arts.

—— AU-CHANGE, communique de la place du Châtelet au Palais.

—— DE LA CITÉ, communique de la Cité à l'Ile Saint-Louis.

—— DE GRAMMONT, communique du quai de l'Arsenal à l'Ile Louvier.

—— DES INVALIDES, communique du quai de Billy aux Invalides.

—— DE LOUIS XVI, communique de la place Louis XVI au Palais du Corps Législatif.

—— MARIE, communique du quai des Ormes à l'Ile Saint-Louis.

—— NEUF, communique de la rue de la Monnaie à l'Ile du Palais et à la rue Dauphine.

Pont-Notre-Dame, communique de la rue Planche-Mibray à la Cité.

Petit-Pont, communique de la rue du Marché Palu à la rue du Petit-Pont.

Pont du Roi, communique du Jardin de l'Arsénal au Jardin du Roi.

Pont-Royal, communique des Tuileries à la rue du Bac.

Pont St.-Charles, sert uniquement au service de l'Hôtel-Dieu.

Pont St.-Michel, communique de la rue de la Vieille-Bouclerie au Palais.

Pont de la Tournelle, communique du quai St.-Bernard, à l'île Saint-Louis.

Préfecture du Département de la Seine, à l'Hôtel-de-Ville.

Les bureaux sont ouverts tous les jours au public, les dimanches et fêtes exceptés depuis trois heures jusqu'à quatre.

Préfecture de Police, quai des Orfèvres, près le Palais de Justice.

Les bureaux sont ouverts au public tous les jours, les dimanches et fêtes exceptés, depuis neuf heures jusqu'à quatre.

Porte St.-Denis, rue Saint-Denis.
Porte St.-Martin, rue Saint-Martin.
Poste aux Chevaux, rue St.-Germain-des-Prés, n. 10.
Poste aux Lettres, rue J.-J. Rousseau.
Prison de Bicêtre, route de Fontainebleau.
Prison de la Conciergerie, au Palais de Justice.
Prison ou Maison de Correction des Jeunes Gens, rue des Grès.
Prison ou Dépôt de la Préfecture de Police, à la Préfecture de Police.
Prison ou Maison d'Arrêt de la Garde Nationale, quai Saint-Bernard.
Prison de la Force, rue du roi de Sicile, n. 12.
Prison de Saint-Lazare, rue du Faubourg-Saint-Denis, n. 117.
Prison des Madelonnettes, rue des Fontaines.
Prison Militaire, à l'Abbaye Saint-Germain.
Prison de Montaigu, rue des Sept-Voies.
Prison de Sainte Pélacie, rue de la Clef, n. 14.

RECETTE GÉNÉRALE DU DÉPARTEMENT, rue du Faubourg-Saint-Honoré.

RECETTE DES DROITS DU TIMBRE, rue de la Paix-Saint-Honoré, Hôtel du Timbre.

SOCIÉTÉ ACADÉMIQUE DES ARTS ET MÉTIERS, à l'Oratoire.

SOCIÉTÉ ROYALE D'AGRICULTURE DU DÉPARTEMENT DE LA SEINE, à l'Hôtel-de-Ville.

SOCIÉTÉ DE L'ATHÉNÉE DES ARTS, à l'Oratoire.

SOCIÉTÉ DE L'ATHÉNÉ DE PARIS, rue du Lycée, n. 2, près le Palais-Royal.

SOCIÉTÉ ROYALE D'ENCOURAGEMENT POUR L'INDUSTRIE NATIONALE, rue du Bac, n. 34.

SOCIÉTÉ POUR L'INSTRUCTION ÉLÉMENTAIRE, rue du Bac, n. 34.

SOCIÉTÉ DE MÉDECINE, à l'Ecole de Médecine.

SOCIÉTÉ POUR L'EXTINCTION DE LA PETITE VÉROLE EN FRANCE, PAR LA VACCINE, rue du Battoir Saint-André-des-Arts.

SOCIÉTÉ MATERNELLE, rue Coq-Héron, n. 5.

SOCIÉTÉ PHILANTROPIQUE, rue des Petits-Augustins, n. 20.

SYNAGOGUE DES JUIFS, rue Sainte-Avoye, n. 43; rue du Chaume et rue du Cimetière Saint-André-des-Arts.

TEMPLE DES LUTHÉRIENS, rue des Billettes.

TEMPLE DU CULTE PROTESTANT RÉFORMÉ, ancienne église de l'Oratoire, rue Saint-Honoré.

SPECTACLES.

ACADÉMIE ROYALE DE MUSIQUE, Théâtre-Favart, provisoirement.

THÉÂTRE FRANÇAIS, rue de Richelieu, n. 6.
SECOND-THÉÂTRE-FRANÇAIS, place de l'Odéon.
THÉÂTRE DE L'OPÉRA-COMIQUE, rue Feydeau, n. 19.
THÉÂTRE ITALIEN, rue de Louvois.
THÉÂTRE DU VAUDEVILLE, rue de Chartres.
THÉÂTRE DES VARIÉTÉS, boulevard Montmartre, n. 5.
THÉÂTRE DE L'AMBIGU-COMIQUE, boulevard du Temple, n. 74.

THÉÂTRE DE LA GAITÉ, boulevard du Temple, n. 70.

THÉÂTRE DE LA PORTE SAINT-MARTIN, boulevard Saint-Martin.

THÉÂTRE DU CIRQUE OLYMPIQUE, rue du Faubourg du Temple.

THÉATRE PITTORESQUE ET MÉCANIQUE DE PIERRE, galerie Montesquieu.

PANORAMA, boulevards des Capucines et Montmartre.

COSMORAMA, Palais-Royal, galerie vitrée, n. 231.

SPECTACLE INSTRUCTIF DE ROBERTSON, boulevard Montmartre, n. 12.

SPECTACLE DE M. OLIVIER, rue des Petis-Champs, n. 15

OMBRES CHINOISES DE SÉRAPHIN, Palais-Royal, galerie de Pierre, n. 151, et boulevard du Temple.

THÉATRE DES MARIONNETTES, boulevard du Temple.

THÉATRE DES DANSEURS DE CORDES, OU FUNAMBULES, boulevard du Temple.

COMBAT DES ANIMAUX, barrière du Combat.

TIMBRE ROYAL, rue de la Paix.

TRÉSORIER DE LA VILLE DE PARIS, rue d'Anjou Saint-Honoré, n. 11.

TRIBUNAL DE COMMERCE. Cloître Saint-Méry.

TRIBUNAL DE PREMIÈRE INSTANCE, au Palais de Justice.

TRIBUNAL DE POLICE JUDICIAIRE, au Palais de Justice.

FIN.

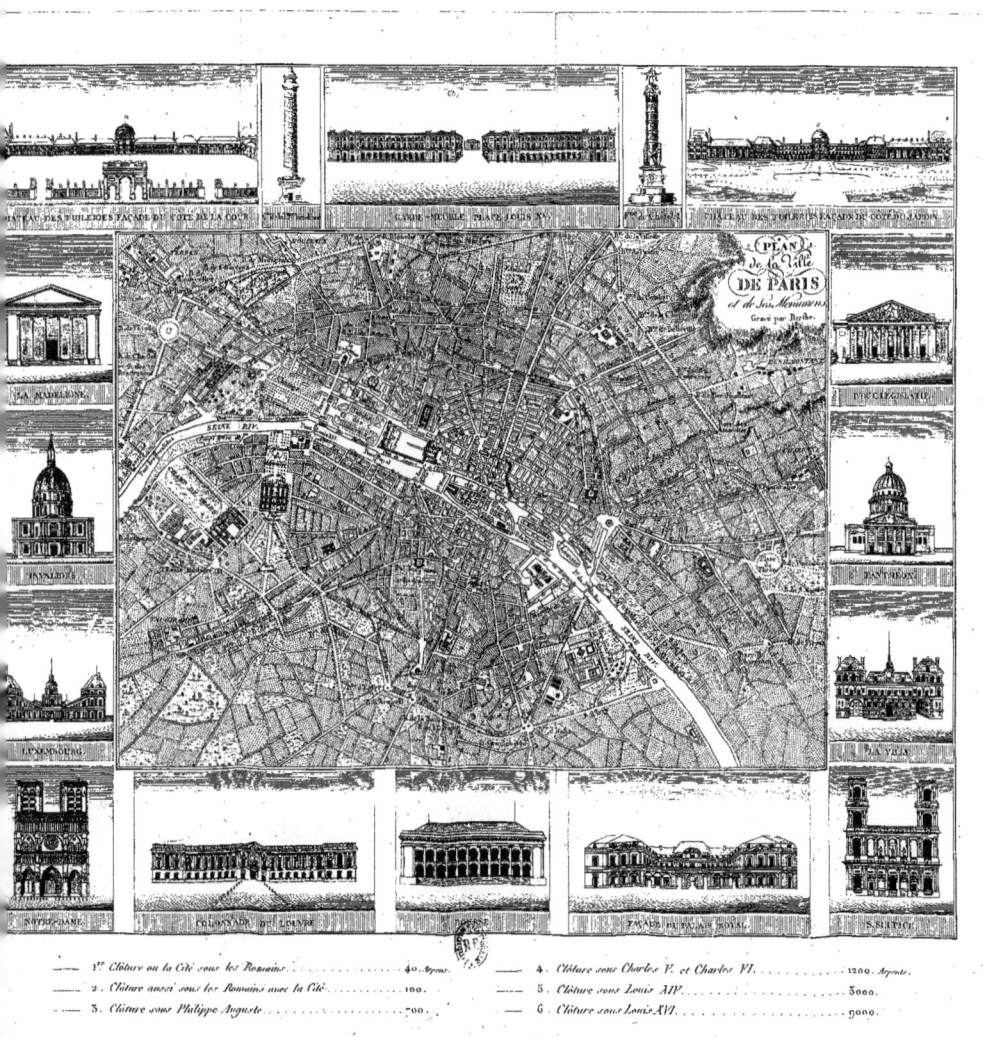

1. Clôture ou la Cité sous les Romains .... 40 Arpents
2. Clôture aussi sous les Romains avec la Cité 100
3. Clôture sous Philippe Auguste 700
4. Clôture sous Charles V. et Charles VI .... 1200 Arpents
5. Clôture sous Louis XIV 3000
6. Clôture sous Louis XVI 9000

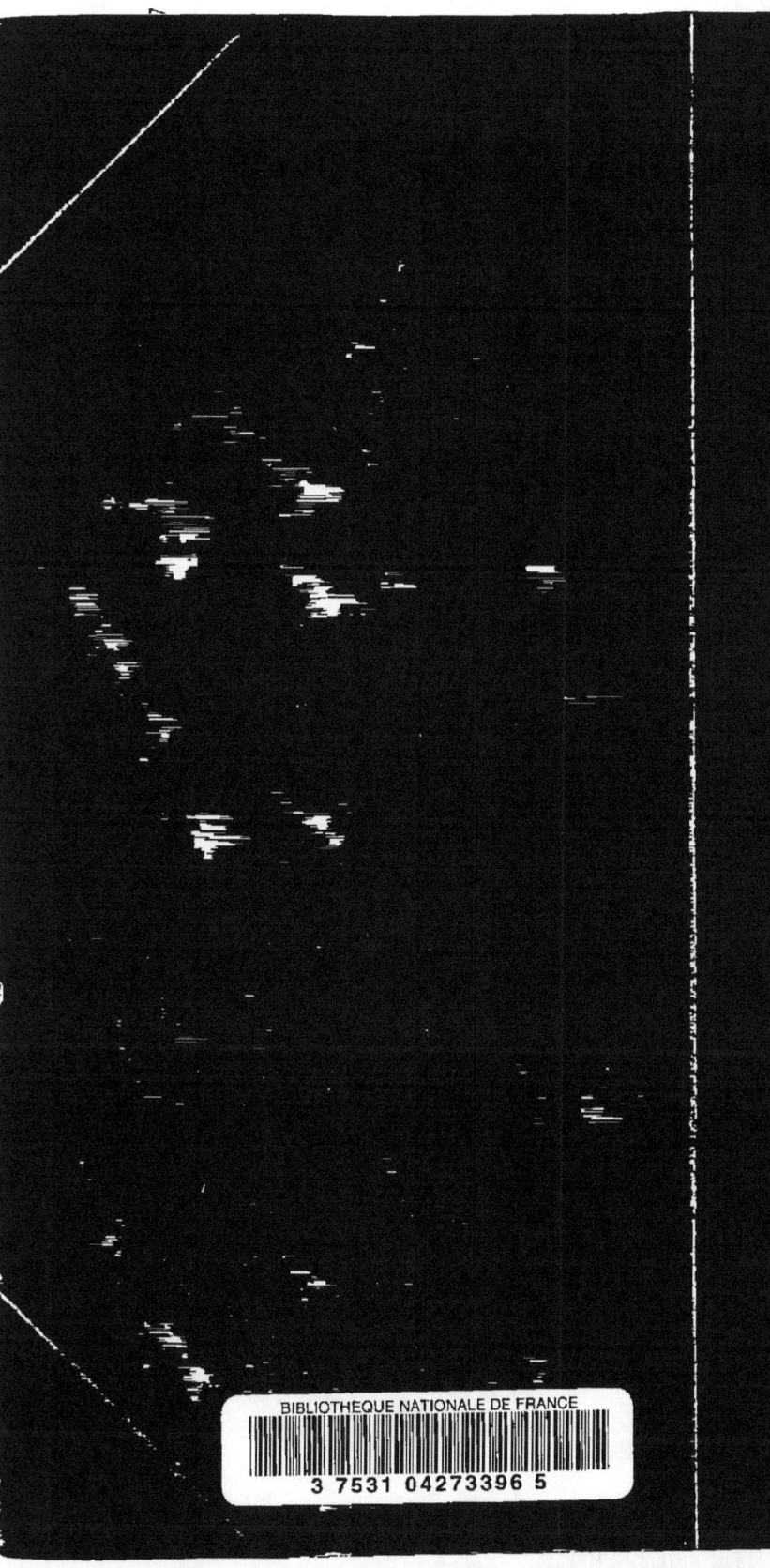

www.ingramcontent.com/pod-product-compliance
Lightning Source LLC
Chambersburg PA
CBHW060519090426
42735CB00011B/2293